DIE RUSSISCHEN INFANTERIEWAFFEN
DES ZWEITEN WELTKRIEGES

1 Sowjetsoldaten im Einsatz mit dem 82 mm-Granatwerfer M 1941; die Räder sind in Feuerstellung abgenommen.

A. J. BARKER / JOHN WALTER

DIE RUSSISCHEN INFANTERIEWAFFEN DES ZWEITEN WELTKRIEGES

MOTORBUCH VERLAG STUTTGART

Einbandgestaltung: Siegfried Horn.
Fotos und Zeichnungen: Conway 12, Wallis & Wallis 1, alle übrigen Freddie Alderslade.
Copyright © 1971 by A. J. Barker, John Walter und Lionel Leventhal Ltd.
Die Originalausgabe ist erschienen bei Arco Publishing Company, Inc., New York, unter dem Titel „Russian Infantry Weapons of World War II"
Die Übertragung ins Deutsche besorgte
Horst Michalowski

Verlag und Autoren möchten ihren Dank den Leuten sagen, die halfen, dieses Buch fertigzustellen. Besonderer Dank gilt dabei Herb Woodend und seinen Mitarbeitern der Waffensammlung der Royal Small Arms Factory, Enfield Lock; John Milsom; Jan Hogg; Major a. D. Hans-Rudolf von Stein; Gordon Conway; Fred Brown und Freddie Alderslade, deren ausgezeichnete Photographien in diesem Buch zu sehen sind.

Die Aufnahmen wurden eigens für dieses Buch mit der Erlaubnis des Direktors der Waffen-Inspektion von Enfield Lock, dem wir an dieser Stelle unseren besonderen Dank sagen möchten, bei Enfield Lock photographiert. Das Bild Nr. 40 verdanken wir Wallis & Wallis, die Bilder 75 bis 86 Gordon Conway.

ISBN 3-87943-256-2

2. Auflage 1974
Copyright © by Motorbuch Verlag, 7 Stuttgart 1, Postfach 1370.
Eine Abteilung des Buch- und Verlagshauses Paul Pietsch GmbH & Co. KG.
Sämtliche Rechte der Verbreitung in deutscher Sprache – in jeglicher Form und Technik – sind vorbehalten.
Gesamtherstellung: Johannes Illig, Buchdruck-Offsetdruck, Göppingen
Printed in Germany.

INHALT

Einführung	6
Pistolen und Revolver	10
Gewehre	15
Maschinenpistolen	30
Maschinengewehre	35
Anti-Tank-Gewehre	50
Granatwerfer	54
Handgranaten	60
Munition	65
Tabellarische Übersicht	71

EINFÜHRUNG

DIE ROTE ARMEE

Als die Rote Armee im Februar 1918 entstand, versuchten die Sowjets, eine Kriegstheorie auf der Basis des Marxismus aufzubauen. Es wurde gefordert, daß diese Theorie sich von der des sogenannten Imperialismus unterscheide und den politischen Gedanken und Grundsätzen des neuen, heranwachsenden Sowjetstaates entspräche; aber die Führer der Revolutionsheere hatten weder ausreichende Kenntnisse noch Erfahrungen in der Kriegstaktik und versuchten, sich diese durch Studium der deutschen Militär-Standardwerke anzueignen. Eine große Zahl zaristischer Offiziere des Kaiserlich-russischen Heeres wurde reaktiviert, und diese Offiziere trugen die Traditionen und die Taktik des Generalstabs des Zaren in die Rote Armee. Viele von ihnen erreichten hohe Dienstgrade, ihre Gedanken hatten einen bemerkenswerten Einfluß auf die Ausrüstung, die Organisation und die Taktiken der Roten Armee von 1939 bis 1945.

Im November 1939 marschierten die Sowjets in Finnland ein, und ihr nicht erfolgreicher Krieg ließ schnell – neben anderen Dingen – erkennen, daß ihre Ausrüstung mangelhaft war. Ältere Offiziere wurden eingezogen und eine Umorganisation eingeleitet. Die riesige, schwerfällige Schützen-Division – Basis-Einheit der Infanterie – wurde von 19.000 auf 14.500 Mann reduziert, und gleichzeitig wurden Schritte unternommen, Qualität und Menge der Ausrüstung zu verbessern. Im Juni 1941, noch bevor diese Umorganisation abgeschlossen war, marschierten die deutschen Truppen in Rußland ein, und die russischen Armeen wurden von der besser ausgebildeten und besser ausgerüsteten Wehrmacht zurückgetrieben. Zum Glück für die Russen hatte sich Hitler – wie Napoleon vor ihm – übernommen; mit dem Einbruch des Winters kamen die deutschen Armeen zum Stillstand.

Bei der Roten Armee begann eine neue Umorganisation, und die Schützen-Divisionen wurden weiter verkleinert. Und wieder wurden gleichzeitig gewaltige Anstrengungen unternommen, um bessere Ausrüstungen schneller an die Front zu bringen. Nahezu zwölf „Fronten" haben die Sowjets – vergleichbar mit den britischen und amerikanischen Armee-Gruppen – aufgestellt. Jede bestand aus drei Armeen. Wenn zwei oder mehr „Fronten" zusammen operieren mußten (wie z. B. in Stalingrad) übernahm ein Stab aus Moskau die Koordination der Operationen. Während des Krieges lag die Stärke der Roten Armee in ihrer Mannschaftsstärke: bei Kriegsende verzeichnete man

13 Millionen Tote – die deutschen Einheiten des Rußlandfeldzuges hatten weniger als ein Drittel Tote dieser Zahl zu beklagen. Trotz dieser astronomisch hohen Zahl von Toten standen den Deutschen in den letzten Tagen des Krieges immer noch doppelt so viele Russen gegenüber, wie sie selbst Soldaten hatten.

Die sowjetische Schützendivision war in drei Schützenregimenter, ein Artillerieregiment und die Divisionstruppen gegliedert. Das Schützenregiment bestand aus dem Regimentsstab, drei Schützenbataillonen und einigen Regimentseinheiten. Darunter befand sich auch eine Batterie mit sechs 76,2 mm Geschützen, die etwa der 13. (Infanteriegeschütz-) Kompanie der damaligen deutschen Infanterieregimenter entsprach.

Die Schützendivision wurde i. d. R. von einem Generalmajor geführt, das Schützenregiment von einem Oberst oder Oberstleutnant, das Bataillon von einem Major oder Hauptmann. Kompaniechefs waren Hauptleute oder Oberleutnants und Zugführer nahezu ausschließlich Leutnante. Dadurch war die Zahl der Offiziere in den sowjetischen Verbänden erheblich höher als in den deutschen. Allerdings nahmen russische Offiziere der niedrigen Dienstgrade vielfach Dienststellungen ein, die in der deutschen Armee grundsätzlich mit Unteroffizieren besetzt waren.

Die Gliederung der russischen Verbände entsprach somit im großen und ganzen der deutschen oder alliierten Organisationsform.

Die Personalstärke der russischen Schützendivisionen war allerdings bereits von 1941 ab geringer als die der deutschen Infanteriedivisionen. Die alliierten Großverbände wiesen eine noch höhere Stärke auf. Durch die drastische Verringerung der Trosse und der Versorgungstruppen in der Division sank die sowjetische Schützendivision schließlich auf etwa 9000 Mann. Die Sowjets bezeichnen diese Divisionen als „Stromlinien-Division". Durch diese Maßnahme konnte die Kampfstärke der russischen Infanterie trotz der ungeheuren Verluste bis Kriegsende einigermaßen gehalten werden. Der einzelne Soldat aber mußte infolge der mangelhaften Versorgung weitere Entbehrungen auf sich nehmen.

Auch in die Panzerverbände der Roten Armee waren Truppenteile der Infanterie eingegliedert. Infolge des Fehlens von gepanzerten Transportfahrzeugen und des Mangels an geländegängigen Kraftfahrzeugen mußten diese Schützeneinheiten auf die Kampfpanzer aufsitzen, was den Deutschen sehr oft die Trennung der russischen Infanterie von ihren Panzern ermöglichte. Die Versorgungstruppen waren auch in den Panzerverbänden zu schwach bemessen. Im Transportwesen lag überhaupt einer der größten Engpässe der sowjetischen Truppenführung. Er konnte auch durch die Lieferung von mehreren hunderttausend amerikanischen LKW nicht überwunden werden. So kam es, daß Panzerverbände oft durch wenig leistungsfähige bespannte Kolonnen versorgt werden mußten.

Die Stärke der russischen Infanterie lag im Zweiten Weltkrieg – genauso wie im Ersten – eindeutig in der Verteidigung. Die Naturverbundenheit des russischen Bauern ließ ihn die Vorteile des Geländes besser ausnutzen, als sein Gegner. Auch im Stellungsbau war die russische Infanterie immer überlegen. Die vergleichsweise hohe Ausstattung mit automatischen Waffen – besonders bei den Maschinenpistolen und Selbstladegewehren – wirkte sich vor allem in der Sturmabwehr vorteilhaft aus. Die Angriffskraft der russischen Infanterie war hingegen auch im Zweiten Weltkrieg gering. Die schwerfällige Führung, Ausbildungsmängel und eine ungenügende Zusammenarbeit der verschiedenen Waffengattungen machten jeden Infanterieangriff zu einem verlustreichen und sehr oft erfolglosen Unternehmen. Angriffserfolge konnte die Rote Armee während des ganzen Krieges nur bei größter Überlegenheit an Menschen und Material sowie unter Einsatz geschlossener Großverbände der Panzertruppen erzielen.

Aus der fehlerhaften Angriffsführung der sowjetischen Infanterie erklären sich auch die ungeheuren Menschenverluste der Roten Armee im Zweiten Weltkrieg. Sie hatte fast viermal soviele Gefallene zu beklagen als das deutsche Ostheer. Rücksichtslos wurde die russische Infanterie ins Feuer getrieben. Das Menschenleben hat in Rußland nie viel gegolten. Das war unter den weißen Zaren im Krimkrieg und im Ersten Weltkrieg genau so wie unter den roten Zaren im Bürgerkrieg von 1918/21 und im Zweiten Weltkrieg. Der damalige Russe war ein hartes Leben gewohnt und erwartete wenig von ihm. Schon im Heranwachsen mußte er sein Selbstvertrauen stärken und sich ständig in einem einfachen Leben, in dem die Improvisation eine beherrschende Rolle spielte, bewähren. Die Propaganda hämmerte ihm ein, unbarmherzig und bis zum letzten zu kämpfen. Trotz allem war er jedoch niemals so tapfer, zäh und genügsam wie der japanische Soldat, noch hatte er die technischen Möglichkeiten und die Ausbildung des amerikanischen, britischen oder deutschen Soldaten.

AUSRÜSTUNG

Die Tatsache, daß die Sowjetunion in den Kampf mit Deutschland mit einem Material hineinging, das dem deutschen weitaus unterlegen war, wurde bereits erwähnt. Als Resultat einer klaren Einschätzung des Bedarfs und großer Anstrengungen am Reißbrett und in der Fertigung waren die Sowjets jedoch bereits nach zwei Jahren fähig, Waffen in gleichwertiger Qualität – oft sogar noch besser – wie die ihrer Verbündeten oder der Deutschen herzustellen. Das konnte man besonders bei Panzern und Artillerie feststellen. Einfachheit und

Robustheit wurden gefordert, und obwohl die russischen Waffen sehr häufig unbearbeitet aussahen und nichts Neues brachten, waren sie sehr wirkungsvoll und beeindruckten oft. Ende des Krieges konnte man feststellen, daß die russischen Panzer in Bewaffnung und Panzerung zu den besten der Welt zählten; die russische Artillerie war der deutschen gleichwertig (die Russen waren schon zur Zarenzeit ausgesprochen gute Artilleristen). Die Entwicklung von Infanteriewaffen scheint dagegen als Angelegenheit zweiter Ordnung aufgefaßt worden zu sein, und man kann die Infanterie-Standardwaffen allgemein als orthodox, nicht besonders gut verarbeitet und in vielen Fällen als überholte Konstruktion bezeichnen. Für Granatwerfer gilt dieses Urteil jedoch nicht; denn die wurden zur Artillerie gerechnet; die Russen waren die einzige Großmacht, die einen überschweren Granatwerfer entwickelte. Die Vernachlässigung der Infanteriewaffen ist in der russischen Geschichte begründet. Die Infanteriewaffen der Sowjets entstammten zum überwiegenden Teil den Entwicklungen der Industrie des Kaiserreiches. Wie die Vereinigten Staaten, so erkannten auch die Russen die Spitzenposition der französichen Hersteller auf diesem Gebiet voll an und verließen sich auf französische Waffen, und diese Abhängigkeit ging bis zum Krim-Krieg. Während des achtzehnten und neunzehnten Jahrhunderts entdeckten die Russen ihre östlichen Grenzgebiete wie die Amerikaner den Westen. Anders jedoch als die Amerikaner hatten die Russen keine Waffenhersteller wie Colt, Remington oder Winchester und auch keine staatlichen wie Enfield. Die Waffen, die die Kaiserlich Russischen Armeen brauchten, wurden in den Werken von Tula, Izhevsk und Sestroretsk hergestellt, die ausländische Waffen kopierten. Diese Sachlage hielt bis 1883 an, dann wurde das teils belgische, teils russische Gewehr M 1891 als Ordonnanz-Waffe eingeführt. (Sowjetische Historiker bemühen sich, nachzuweisen, daß die Beamten der zaristischen Regierung derart hohe Bestechungssummen von ausländischen Waffenherstellern erhielten, daß jede Anstrengung, eine heimische Industrie ins Leben zu rufen, schon im Keim erstickt wurde. Ganz gleich, ob dieser Nachweis den Tatsachen entspricht oder nicht – Tatsache ist, daß der Name von Oberst Moisin im Zusammenhang mit dem M 1891 offiziell nicht genannt wird und die ersten Aufträge zur Fertigung des Gewehrs an die staatliche französiche Fertigungsstätte Chatellerault ging.) Als man die skandalösen Mängelzustände des Zarenreiches im Ersten Weltkrieg erkannte und das Problem bewältigen wollte, war es zu spät – das Zarenreich war zu Ende. Wie die neue Revolutionsregierung mit diesem Problem fertig wurde, wird auf den nächsten Seiten geschildert.

PISTOLEN UND REVOLVER

Der erste Dienstrevolver, mit denen die russischen Einheiten in großer Zahl ausgerüstet wurden, war der „Smith & Wesson Russian" des Jahres 1872. Während der Zeit von 1872 bis 1877 verkaufte Smith & Wesson 150.000 Revolver an die Kaiserlich Russische Regierung. Weitere 70.000 Revolver wurden 1878 bei der Firma Ludwig Loewe in Berlin bestellt – diese Revolver waren genaue Nachbauten der Smith & Wesson, gefertigt jedoch unter Umgehung der Patentgesetze und daher wesentlich billiger.

In den frühen neunziger Jahren wollten die Russen eine Waffe mit einem kleineren Kaliber als .44 Smith & Wesson haben und interessierten sich für einen Entwurf der belgischen Gebrüder Nagant. Emile und Leon Nagant hatten 1893 einen „gasdichten" Revolver konstruiert, der als einziger – obwohl die Idee nicht ausgesprochen neu war – einwandfrei funktionierte. Bei diesem Revolver schiebt sich die Trommel im Vorwärtsgehen über eine hintere Verlängerung des Laufes, die Patronen haben eine lange Messinghülse, die im Augenblick des Schusses nach vorn in den Lauf hineinstößt. Während der Zündung dehnt sich die Patronenschulter aus und schließt den kleinen Spalt zwischen Lauf und Patronenlager. Dieses Verfahren funktionierte allgemein gut; aber wenn die Standard-Nagant-Patrone aus Revolvern unterschiedlicher Lauflänge verschossen wurden, gab es einige, die gasdicht waren und andere, die es nicht waren. Es gab folgende Resultate: eine Waffe mit einem 14 cm langen Lauf ergab mit Gasdichtung eine V-0 von 330 m/s, ohne Gasdichtung von 220 m/s; aus einem 30 cm langen Lauf ergaben sich 425 m/s bzw. 230 m/s.

Die Russen kauften auch eine begrenzte Zahl der verbesserten Nagant-Revolver von 1910, bei dem die Trommel nach links zum Laden ausgeschwungen wurde, eine Verbesserung gegenüber dem Mod. 1895. Diese Revolver tragen die Bezeichnung „Fabrique d'Armes et d'Automobiles Nagant Frères, Liège, Belgique". Der Nagant 1895 wurde in großen Stückzahlen sowohl in Tula als auch in Lüttich hergestellt. (Es gibt Revolver, die in Tula gebaut wurden und als Baujahr 1943 haben; aber keine, die in Belgien nach 1913 oder 1914 gefertigt wurden. Vom Nagant wurden zwei Versionen gebaut, ein double-action für Offiziere und ein single-action für Unteroffiziere und Mannschaften. Der Nagant entsprach voll den russischen Ansprüchen und daher wurde bis 1928–30 wenig getan, eine andere Waffe zu finden, wenn auch inzwischen von der Regierung einige Schwarzlose-Pistolen M 1898 erworben wurden. Sie wurden 1905 von russischen Revolutionären in Deutschland gekauft, von den staatlichen Stellen beschlagnahmt und an die zaristische Polizei ausgegeben. Gleichfalls wurden größere Stückzahlen des Reichsrevolvers M 1896 für die Ausrüstung der Offiziere aufgekauft.

Ausgangs der zwanziger Jahre bot Konstrukteur Fedor Tokarev den Sowjetbehörden eine verbesserte und wesentlich einfachere Variation des in der Colt-Pistole M 1911 angewandten Browning-Prinzips an. Das Angebot wurde sofort akzeptiert und in Produktion, wenn auch mit begrenzten Stückzahlen, gesetzt: die TT 1930 (TT heißt Tula-Tokarev). Einer verbesserte Ausführung dieser Waffe, die TT 1933, ersetzte die ersten Waffen. Zur gleichen Zeit wurde eine kleinere Pistole für Offiziere eingeführt, die TK oder Tula-Korovin; sie wurde allerdings niemals als offizielle Ordonnanz-Waffe anerkannt. Die beiden kleinkalibrigen Versionen der Tokarev kamen 1935–1937 heraus: TTR 3, eine Trainingswaffe nach Rückstoß-System im Kaliber "22 lr ("22 lfB), äußerlich der TT 1933 ähnlich. Die TTR 4 war eine Match-Pistole mit dem Mechanismus der TTR 3 (aber mit dem Aussehen der großkalibrigen Tokarev) und einem langen Lauf. Die gewaltigen Stückzahlen, die Rußland zugeschrieben werden, wurden jedoch niemals produziert – hauptsächlich deswegen nicht, weil die vollautomatischen Gewehre immer mehr zunahmen und die Tokarev im Verhältnis zu diesen Waffen nur bescheidene Stückzahlen erreichte.

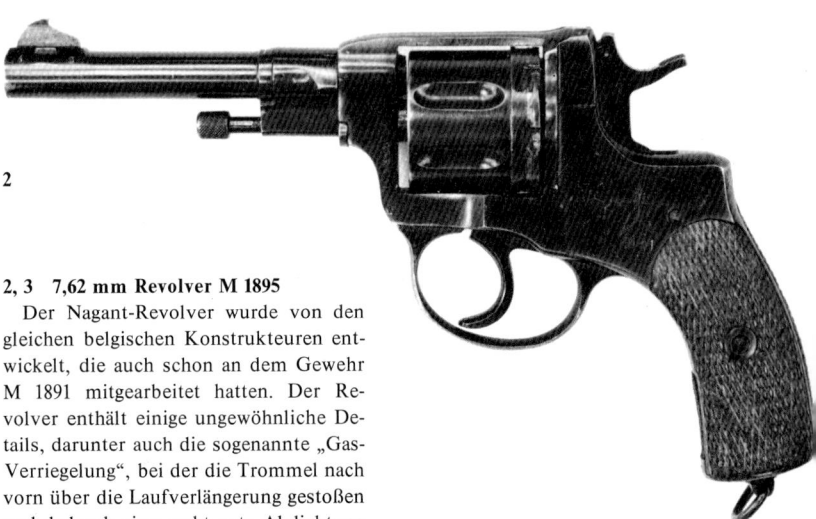

2, 3 7,62 mm Revolver M 1895

Der Nagant-Revolver wurde von den gleichen belgischen Konstrukteuren entwickelt, die auch schon an dem Gewehr M 1891 mitgearbeitet hatten. Der Revolver enthält einige ungewöhnliche Details, darunter auch die sogenannte „Gas-Verriegelung", bei der die Trommel nach vorn über die Laufverlängerung gestoßen und dadurch eine recht gute Abdichtung gegen Gasdruckverluste erreicht wird. Verstärkt wird diese Abdichtung noch durch die Patrone, bei der das Geschoß vollständig in der Hülse sitzt, also nicht, wie bei normalen Patronen, mit der Spitze herausschaut. Die Hülse ist vorn gekröpft und dehnt sich beim Schuß auf Grund des austretenden Geschosses und des Gasdrucks aus und bildet so einen gasdichten Abschluß. Abgesehen von dieser Konstruktionslösung sieht der Nagant-Revolver wie jeder andere Standard-Revolver aus. Die Ausstoßerstange sitzt unter dem Lauf, wird nach rechts geschoben, und dann kann man die leergeschossenen Hülsen aus den Trommelkammern stoßen. Die Ausstoßerstange hatte keine Feder; das Entleeren und Laden der sieben Kammern war ein mühsames Geschäft. Die Revolver waren in zwei Varianten hergestellt: Double Action (doppelte Bewegung) für Offiziere und Single Action (einfache Bewegung) für die übrigen Dienstgrade. Die M 1895 wurden sowohl in Belgien (1895–1913) als auch in Rußland (ca. 1900–1943) gefertigt.

4 7,62 mm Pistolen TT 1930 und TT 1933

1930 wurden die Basis-Modelle dieser Pistolen einem Test unterzogen, 1933 wurden sie in leicht abgeänderter Version als Ordonnanz-Waffen eingeführt. Es scheint, als wurden diese Pistolen anfänglich nur in beschränkter Zahl ausgegeben – nur sehr wenige Tokarev-Pistolen fielen den Finnen während des Russisch-Finnischen Krieges 1939 – 1940 in die Hände, allerdings wurden es später beim deutschen Einmarsch mehr. Die Tokarev ist im wesentlichen eine modifizierte und vereinfachte Version der Colt Browning. Sie hatte jedoch trotz des allgemein niedrigen Fertigungsniveaus mehrere der Colt gegenüber verbesserte Lösungen. Die beiden Sowjet-Modelle unterscheiden sich nur geringfügig voneinander. Die Verschlußwarzen der TT 1930 glichen denen der Colt M 1911 auf's Haar; aber bei der TT 1933 waren sie aus Gründen einer Fertigungsvereinfachung rund um den Lauf herum ausgefräst. Der Unterbrecher (ein Hebel für „Dauerfeuer") war bei späteren Modellen größer. Eine Sicherung hatten die Pistolen nicht. Die Griffschalen waren entweder aus einfachem Walnußholz oder gerieffeltem Plastik mit den Buchstaben CCCP. Trotz ihrer relativen Einfachheit hatten diese Waffen die gleiche tödliche Wirkung wie andere und weitaus teurere handelsübliche Pistolen.

3

4

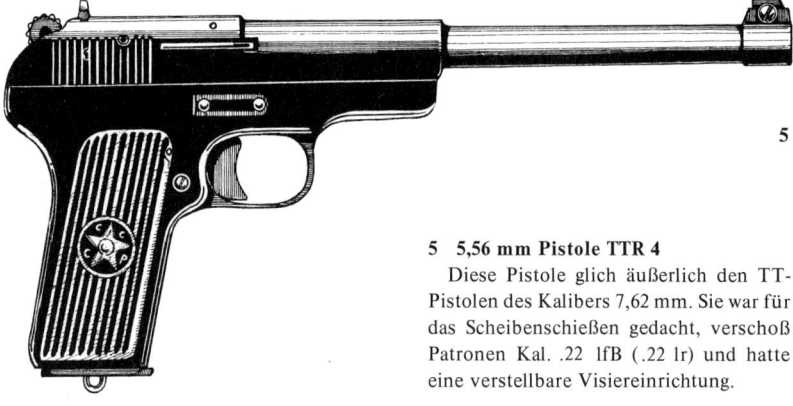

5   5,56 mm Pistole TTR 4
Diese Pistole glich äußerlich den TT-Pistolen des Kalibers 7,62 mm. Sie war für das Scheibenschießen gedacht, verschoß Patronen Kal. .22 lfB (.22 lr) und hatte eine verstellbare Visiereinrichtung.

6   6,35 mm Pistole TK
Dieser als Taschenpistole gebaute Rückstoßlader wurde zwar offiziell niemals als Dienstpistole angesehen und galt als Statussymbol für Stabsoffiziere: aus eigener Tasche zur Selbstverteidigung gekauft. Es hielt sich hartnäckig das Gerücht, daß die TK wegen ihrer geringen Größe insbesondere bei der Polizei und beim KGB beliebt war.

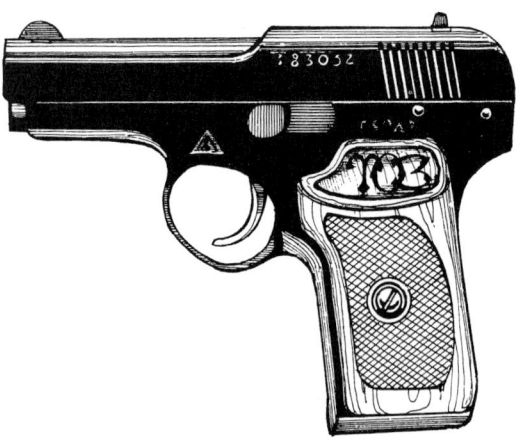

GEWEHRE

Um 1890 herum waren die russischen Führungsstellen zu dem Schluß gekommen, daß Rußland eine neue Handfeuerwaffe benötigte, wenn es mit den anderen führenden Nationen Europas Schritt halten wollte. Nach intensiven Versuchen und Testbeschuß akzeptierten sie das Gewehr M 1891, das von dem russischen Oberst Sergei Ivanovich Mosin und den Gebrüdern Nagant in Lüttich entwickelt worden war. Die Industrie des Zarenreiches konnte die geforderten Mengen nicht herstellen, und daher ging der Auftrag ins Ausland. Die Waffen wurden in Frankreich (Kaiserliches Arsenal Chatellerault), in der Schweiz (Industriegesellschaft Neuhausen/Rhein) und in Österreich (Österreichische Waffenfabrik Steyr) gefertigt. Die Gewehre der schweizer und der österreichischen Fertigung zeigen von allen russischen Waffen das beste Finish. Bevor die Lieferungsverträge noch ausgelaufen waren, hatten die Russen herausgefunden, daß sie einen Teil der Waffen auch selbst fertigen konnten. Eine einheimische Produktion lief während der Zeit von 1894–1895 in Tula und Sestroretsk an.

Bei Ausbruch des Ersten Weltkrieges konnten die russischen Waffenkammern die Anforderungen der Front nicht erfüllen – das Zarenreich versuchte, mit Eilaufträgen bei Winchester, die den Unterhebel-Repetierer M 1895 für Rußland in den Jahren 1915 und 1916 bauten, bei Remington und der New England Westinghouse Company (die beide M 1891-Gewehre herstellten), diese Misere zu beheben. Es wurden jedoch nur wenige dieser amerikanischen Waffen vor dem Embargo gegen das Revolutions-Regime an den Zaren und an Kerenski geliefert.

Offensichtlich waren die Russen mit ihrem M 1891 sehr zufrieden; denn es funktionierte über die ganze Skala der extremen Witterungen von der Polarzone bis hinunter zu den trockenen Hitzen von Turkestan verläßlich. Das einzige, was zu beanstanden war, war die Länge des Gewehres und seine äußerst langsame Feuerbereitschaft. Neben den Versuchen, eine bessere Waffe zu konstruieren, wurden die verschiedensten Anstrengungen unternommen, zu einer Selbstladewaffe – gewissermaßen als non-plus-ultra – zu kommen. Die ersten Konstruktionen basierten natürlich auf dem Ordonnanz-Gewehr. Vasiliy Grigorevich Federov brachte ein umgebautes Moisin-Nagant-System Ende 1905 heraus und zwei Jahre später kam ein anderer Konstrukteur, Yevgeniy Roshchepei, mit einem automatischen Gewehr heraus, bei dem sich der „Lauf nicht bewegte"; aber diese Konstruktion kam über Prototypen nicht hinaus. Die erste automatische Waffe, die in größeren

7 Winchester M 1895 Unterhebel-Repetierer, ausgelegt für die russische 7,62 mm-Patrone.

Stückzahlen gebaut wurde, war das AVF 1916, das von Vasiliy Federov konzipiert wurde. Man schätzt die Zahl der gefertigten Waffen auf zwischen 2000 und 3500 Stück; alle gebaut in Sestroretsk in der Zeit zwischen 1916 und 1918. Die Waffe war ein Rückstoßlader, der von zwei sich drehenden Blöcken am Ende des Laufes verriegelt wurde. Diese Konstruktion war zu kompliziert; sie hatte etwas von der Mauser M 1896-Pistole und war sowohl nicht einfach herzustellen als auch zuhandhaben. Außerdem war sie nicht für die russische 7,62 mm Patrone, sondern für die japanische .30 (Arisaka) ausgelegt. Weshalb man das machte, ist niemals geklärt worden – entweder lag es daran, daß die russische Munition ungeeignet und von niedriger Qualität war, oder vielleicht wünschte man eine Patrone mit geringerer Treibladung. Nachdem sich die politische Situation innerhalb Rußlands Mitte der Zwanziger Jahre stabilisiert hatte, ging man erneut daran, eine zufriedenstellende Selbstladewaffe zu konstruieren. In der Zeit zwischen 1929 und 1939 liefen verschiedene intensive Versuche. Versuchsstätten waren die sowjetische Versuchsanstalt (NIAP) in Solnechogorsk, etwa 75 km nordwestlich von Moskau, und die technische Versuchsstation des Zentralrates (NIIS OAKh) in Kuskovo, 120 km östlich von Moskau. Bei diesen Untersuchungen wurden die verschiedensten Waffen geprüft, darunter Konstruktionen von Degtyarev, Federov, Koleshnikov, Simonov und Tokarev. (Die Waffe von Simonov war der Prototyp der ASV 1936, die Waffe von Tokarev der Vorgänger der Armee-Waffen von 1938 und 1940.) Nach Abschluß der Versuche wurde eine begrenzte Zahl von Simonov- und Tokarev-Konstruktionen gefertigt und an die Truppe ausgegeben; sie waren allerdings nie in einem größeren Truppenversuch getestet worden und wurden bald zurückgezogen. Ihnen folgte das ASV 1936, eine Konstruktion von Simonov, die sich als zu kompliziert erwies und während des Krieges von Unteroffizieren geführt wurde – aber auch sie war noch nicht die richtige Lösung.

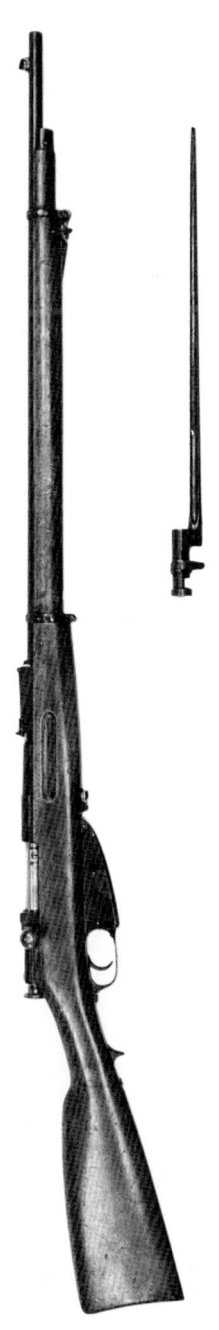

8 7,62 mm Moisin-Nagant-Testgewehre, gefertigt um 1890

Zwischen dem hier abgebildeten Gewehr (es ist eines der sehr seltenen Testgewehre aus der Zeit von 1889–1890) und dem Typ, der später in die Produktion ging, bestehen mehrere Unterschiede, besonders im Verschluß (diesen Unterschied zeigt Bild 11.). Der Kammerstengel lag nicht vor der Verschlußbrücke wie bei dem späteren Modell und Verschlußstück und -führung unterscheiden sich wesentlich voneinander. Ferner hatten die Testgewehre ein anderes Magazin und unter dem Schaft eine Handstütze. Die Waffe war mit einem in den Maßen geänderten Seitengewehr ausgerüstet, dessen Halterung gleichfalls anders war. Es wird angenommen, daß die Gewehre in Lüttich von Nagant oder einem Kontrakt-Lieferanten gefertigt werden; an der Waffe selbst findet man keinen Anhaltspunkt über ihre Herkunft.

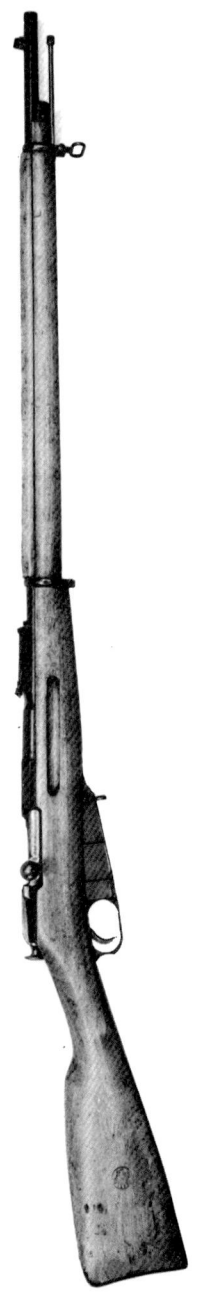

9 7,62 mm Gewehr M 1891

Dieses Gewehr war das Endprodukt aller Versuchsreihen. Die Armeen des Zaren wurden damit ausgerüstet, und es blieb die Standard-Waffe des russischen Infanteristen bis 1930. Die ersten ausgelieferten Gewehre hatten noch nicht den charakteristischen Handschutz auf dem Lauf, und die Gewehrriemen wurden durch Ösen und nicht durch Schlitze – wie später – gezogen. Eine der Ösen befand sich vor dem Magazingehäuse, die andere am Schaftring. Alle Gewehre, die vor der Oktoberrevolution 1917 hergestellt wurden, hatten ihre Visiere auf Entfernungen in Arschin (russische Elle = 0,7112 m) eingerichtet. Die später gefertigten oder zur Reparatur eingeschickten wurden auf Meter umgestellt, da das neue Regime die alten russischen Maße abgeschafft und zum Meter übergegangen war. Alle M 1891 waren mit dem längst veralteten Tüllenbajonett mit einem Befestigungsring ausgerüstet (das spätere Bajonett mit Federsperre, das M 1891/30, war auswechselbar). Manchmal waren die Moisin-Gewehre auch mit einer Bajonetthalterung am Lauf ausgestattet; ein Stahlmantel, mit zwei kleinen Schrauben befestigt, bedeutete, daß die Waffe im ersten Weltkrieg von den Deutschen erobert worden und für das deutsche Seitengewehr hergerichtet war. Eine ergänzende Nase weist auf Finnland hin; die Finnen verwendeten Messer-Seitengewehre. Eine Seitengewehrhalterung wie beim Gewehr 98 war eine polnische Abänderung. Einige der Waffen wurden später auch von den Sowjets kürzer gemacht und der Länge des M 1891/30 angepaßt.

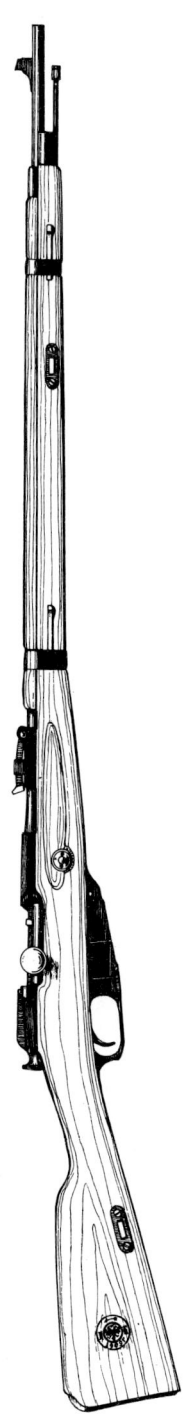

Zwei typische Schaftmarken, wie sie auf den Waffen des zaristischen Rußland angebracht waren.

10   7,62 mm Dragoner-Gewehr M 1891

Das sogenannte „Dragoner-Gewehr" wurde um 1900 herum an die berittenen Einheiten des Zaren-Heeres ausgegeben. Es glich im Wesentlichen dem Gewehr M 1891, hatte einen sechseckigen Verschlußkopf und der Lauf war etwa 8 cm kürzer, damit man besser vom Sattel aus schießen konnte. Zur Aufnahme des Gewehrriemens hatte es Längsschnitte im Schaft. Über dem Lauf war der normale Handschutz angebracht. Anfangs wurde das alte Tüllenbajonett zu diesem Gewehr ausgegeben, später kam das M 1891/30. Das Gewehr hatte trotz der Kürzung immer noch eine beachtliche Länge und wurde daher durch das M 1910 ersetzt (aber dennoch blieben die alten Waffen bei vielen Einheiten in Gebrauch). Es kann außerdem angenommen werden, daß das M 1891 noch bis zur Einführung des M 1891/30 von den Sowjets weitergefertigt wurde.

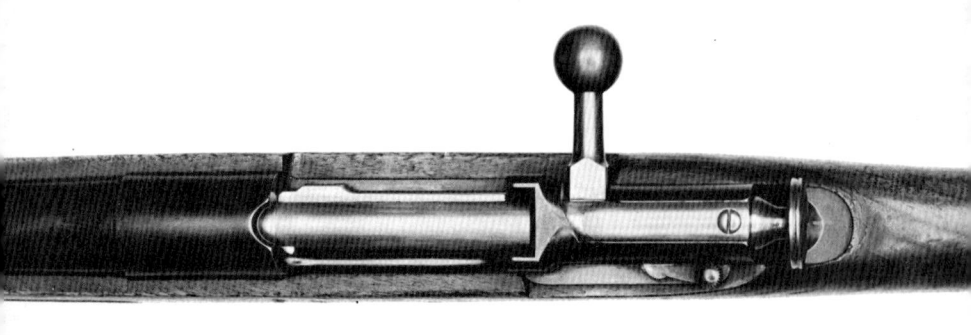

11

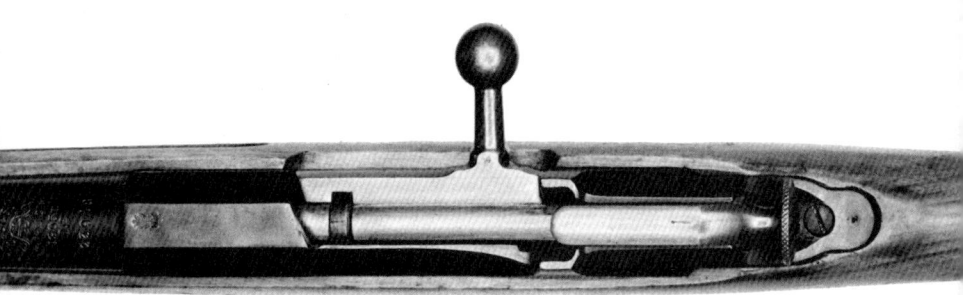

12

11, 12 Vergleich der Verschlüsse der Testwaffe und des M 1891

Diese Aufnahmen zeigen deutlich die Unterschiede zwischen den Testwaffen (Bild 11) und der späteren Standard-Ausführung (Bild 12). Die auf Bild 12 gezeigte Waffe wurde in Sestroretsk gefertigt. Die Unterschiede bestehen in den Schlössern und den Kammerstengeln. Bei der Testwaffe befindet sich der Kammerstengel in verriegelter Stellung hinter der Klammerführung und ist ein fester Teil des Schlosses. Beim M 1891 liegt der Kammerstengel vor der Hülsenbrücke wie beim Mannlicher. Beim normalen M 1891 war die Führungsschiene ein fester Teil des Kammerstengels und damit auch ein zusätzlicher Sicherheitsfaktor, weil sie in verriegeltem Zustand an der Hülse anlag; bei den Testwaffen gab es das nicht. Unterschiede sind auch im Äußeren des Schlosses und des Verschlußstückes festzustellen. Das Testmodell (von dem man annehmen kann, daß etwa 1.000 Stück gebaut wurden) hatte eine zylindrische Kammer. Hierbei ist interessanterweise festzustellen, daß die Sowjets später zwecks Vereinfachungen in der Fertigung zur zylindrischen Kammer zurückkehrten.

13 Visierungen

Die Visierung rechts im Bild war die Standard-Visierung des Zarenreiches (die Waffe, auf der sie sitzt, ist ein M 1891, gefertigt 1905 in Sestroretsk): verstellbar zwischen 200 und 1000 Arschin in Stufen von jeweils 200 Arschin; bei hochgestelltem Visier konnte der Schütze die Entfernung um jeweils 100 Arschin bis auf 2600 einstellen. Die V-Kimme ganz oben auf dem Visier reichte bei hochgestellter Visierklappe bis zur Maximalreichweite von 2700 Arschin. Der Visierschieber wird durch einen Drücker mit Nasen rechts und links in den Rasten gehalten. Das mittlere Gewehr ist eines der 840.307, die von Remington für Rußland gebaut wurden. Die Visierung glich im großen ganzen der alten, war aber ein wenig größer und reichte ohne Oberkimme bis auf 3200 Arschin. Die größere Kimme ist für die Patrone M 1908 gedacht, die kleinere für die Patrone M 1891. Links im Bild ist die Sowjet-Ausführung für das M 1891/30 zu sehen (die mitabgebildete Waffe wurde 1938 in Tula gefertigt); sie reicht in Schritten von jeweils 100 Metern von 100 bis 2000 Meter. Das Visier wurde für die Aufnahme hochgestellt; beim Schießen wird es heruntergeklappt.

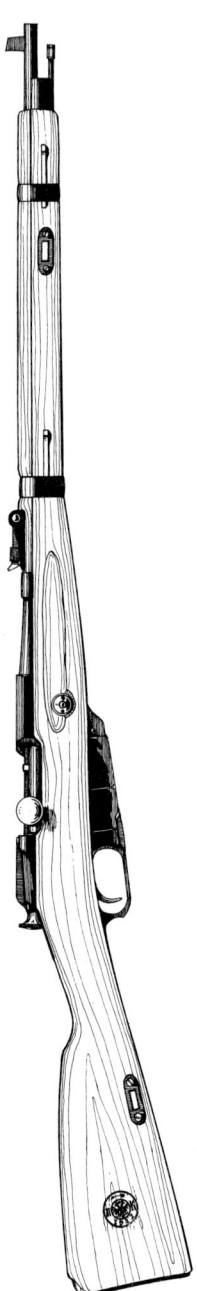

14 7,62 mm Karabiner M 1910

Das war die erste russische Waffe, die eine verkürzte Version des langen Standard-Gewehres werden sollte. Es wurden nur relativ wenige Stücke hergestellt, die Produktion ging nur über sieben Jahre und endete mit der russischen Revolution; aber diese Waffe diente als Prototyp für den Karabiner von 1938. Sie hatte noch das sechseckige Schloß der Zarenzeit und für den Gewehrriemen Schlitze anstelle der Ösen. Die Visierung ging nur auf 2000 Arschin (statt 2700 oder 3200 beim Gewehr). Der Schaft ging fast bis an die Laufmündung und infolgedessen konnte auch kein Seitengewehr aufgesetzt werden.

15 7,62 mm Gewehr N 1891/30

Das M 1891/30 war die sowjetische Weiterführung des M 1891; es war die Standard-Waffe der Infanterie während der dreißiger und in den ersten Jahren des Zweiten Weltkrieges. Schon kurze Zeit nach der Revolution waren die Russen dazu übergegangen, die langen M 1891 zu „Dragoner-Gewehren" zu verkürzen, und 1930 brachten sie das M 1891/30 nach dem Vorbild des „Dragoner-Gewehres" heraus. Die „Dragoner-Gewehre" sind an ihrem sechseckigen Schloß und am Fertigungsjahr (vor 1917) zu erkennen. Vom M 1891 unterscheidet sich das M 1891/30 durch den kürzeren Lauf und durch das zylindrische Schloß – dadurch wurde die Produktion wesentlich erleichtert, weil man nicht so genau wie beim sechseckigen zu arbeiten brauchte. Das Korn wurde mit einem Kornschutz umgeben und die alte Visierung durch ein Kurvenvisier ersetzt, auf dem die Entfernung in Metern und nicht mehr in Arschin angegeben war. Die Bajonetthalterung wurde verbessert und sicherer gemacht, der altertümliche Befestigungsring wurde durch eine Federsperre ersetzt.

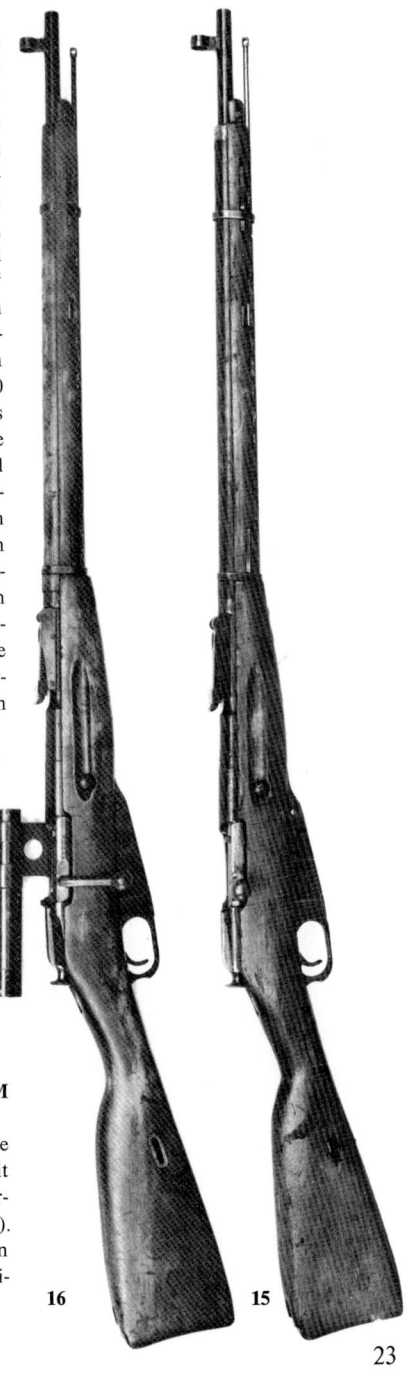

16 7,62 mm Scharfschützengewehr M 1891/30

Hierbei handelt es sich um ausgesuchte Stücke des Standard-Gewehres, die mit Zielferngläsern versehen wurden und verschiedene Montagen hatten (siehe Seite 64). Dieses Gewehr wurde von sowjetischen Scharfschützen während des ganzen Zweiten Weltkrieges geführt.

17　　　　　　　18　　　　　　　19

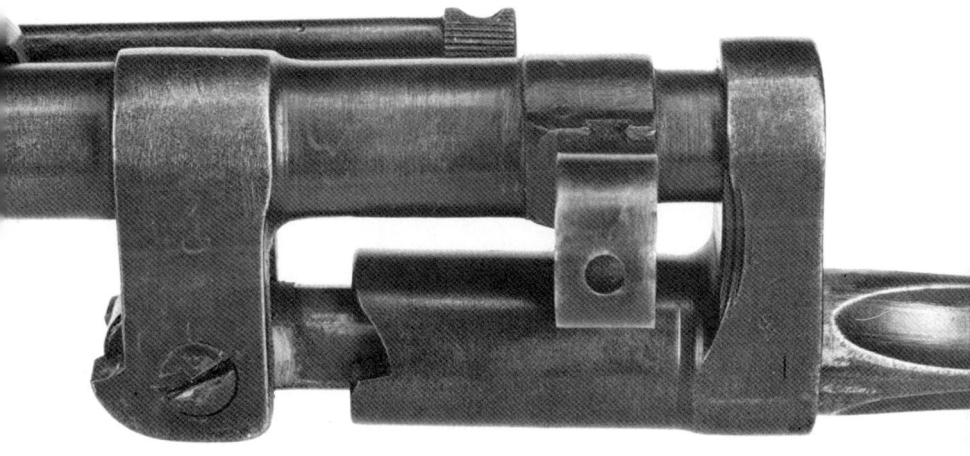

17 7,62 mm Karabiner M 1938

Das m 1938 ist die Fortführung des M 1891/30 in Karabiner-Version. Es war in der Grundkonzeption gleich, hatte jedoch einen kürzeren Lauf und das Kurvenvisier (mit Reichweite bis 2000 m) wurde durch ein kleineres mit einer Reichweite bis 1000 Meter ersetzt. Ansonsten glich der Karabiner dem Gewehr; er hatte ein herausstehendes Kastenmagazin, hölzernen Handschutz, Schlitze für den Gewehrriemen und eine Putzstange unter dem Lauf. Das Korn blieb mit Kornschutz unverändert. Es ist anzunehmen, daß die Fertigung dieses Karabiners 1938 anlief und 1943 eingestellt wurde.

18, 19, 20 7,62 mm Karabiner M 1944

Der M 1944 war der letzte der langen Reihe der Moisin-Nagant-Waffen der russischen Armee. Mit zylindrischen Schloß, Gewehrriemen-Schlitzen und hölzernem Handschutz entsprach er genau seinem Vorläufer, dem M 1938. Die Visierung war gleichfalls bis auf 1000 Meter einstellbar, und das Korn trug Kornschutz. Der große Unterschied zwischen dem Karabiner von 1944 und seinem Vorgänger lag in dem festangebrachten, abklappbaren Bajonett, das rechts von Mündung und Schaft lag. Daß dieses Bajonett nur für den Stoß geeignet war, machte dem russischen Infanteristen nicht viel aus – er war ohnehin an das Tüllenbajonett gewöhnt; Bajonette in Form von Seitengewehren oder messerbzw. dolchähnlicher Art gab es in Rußland nicht. Das Bajonett von 1944 hatte ein gerades, kreuzförmiges Blatt, das sich nach vorn zu verjüngte – die typische, russische Form; das Heft war rund und hatte einen Laufring. Das Bajonett war um einen Bolzen seitlich am Schaft umklappbar. Um das Bajonett aufzupflanzen bzw. abzuklappen, mußte das Heft nach vorn von seinem Bolzen gegen die Spannung einer Feder weggezogen und dann entsprechend in die Halterungen eingerastet werden. Es scheint, als habe man zwei verschiedene Formen dieses Bajonetts gehabt, die sich jedoch nur durch die Halterung voneinander unterschieden.

21, 22, 23   7,62 mm automatisches Gewehr AVS 1936

Das AVS war ein Gasdrucklader, verriegelt durch einen Hohlblock, der in Führungen innerhalb des Schlosses glitt. Die Waffe war leicht an der ungewöhnlichen Feuermündungsbremse – ob sie wirkungsvoll war, mag bezweifelt werden – zu erkennen, ferner an dem langen Einschnitt im Verschluß für den Spannhebel. Dieser lange Schlitz war ein Nachteil der Waffe; denn Staub und Dreck konnten hier leicht in den Verschlußmechanismus eintreten. Auch ein Schutzüberzug änderte nicht viel, weil der Verschluß-Schlitz ja bei gespannter Waffe offenblieb. Der Putzstock befand sich rechts neben dem Lauf. Lauf und Laufmantel konnten in zwei Teile zerlegt werden. Sie trugen vorn einen Blechschutz. Das AVS war auf Einzel- oder Dauerfeuer umstellbar, der Umstellhebel befand sich hinten rechts am Schloß. Auf Grund von

Ein typischer Sowjet-Schaftstempel, wie er vornehmlich auf den AVS 1936 zu finden war.

Herstellungsschwierigkeiten bei der Fertigung des Verschluß-Mechanismus und Ladehemmungen, die durch Fremdkörper im Verschluß durch den langen Schlitz hervorgerufen wurden, wurde das AVS durch das SVT 1938 ersetzt. Eine Scharfschützen-Ausführung des AVS mit Zielfernglas wurde noch weiter in beschränkter Zahl hergestellt.

24, 25 7,62 mm Selbstladegewehr SVT 1938

Alle Tokarev-Waffen dieser Serie waren Gasdrucklader mit unten hinten verriegelndem Verschlußblock. Die Schäftung des SVT war zweiteilig, das Magazin als Kastenmagazin gearbeitet. Der vordere Teil des oberen Handschutzes wurde durch einen Blechmantel ersetzt, in den Kühlungslöcher gebohrt worden waren. Die Reihe der Kühlungslöcher wurde im Holzschaft durch Schlitze fortgesetzt. Eines der Hauptunterscheidungsmerkmale war die Putzstange, die nicht unter dem Lauf, sondern seitlich davon untergebracht war. Die Waffe hatte ursprünglich eine Feuermündungsbremse mit sechs Schlitzen, die jedoch 1940 oder Anfang 1941 durch eine zweischlitzige ersetzt wurde. Wegen der anfälligen Verriegelung wurde das SVT 1938 im Jahre 1940 zurückgezogen; ausgesuchte Waffen blieben dennoch mit Zielfernglas versehen im Einsatz (siehe Seite 64).

21 24

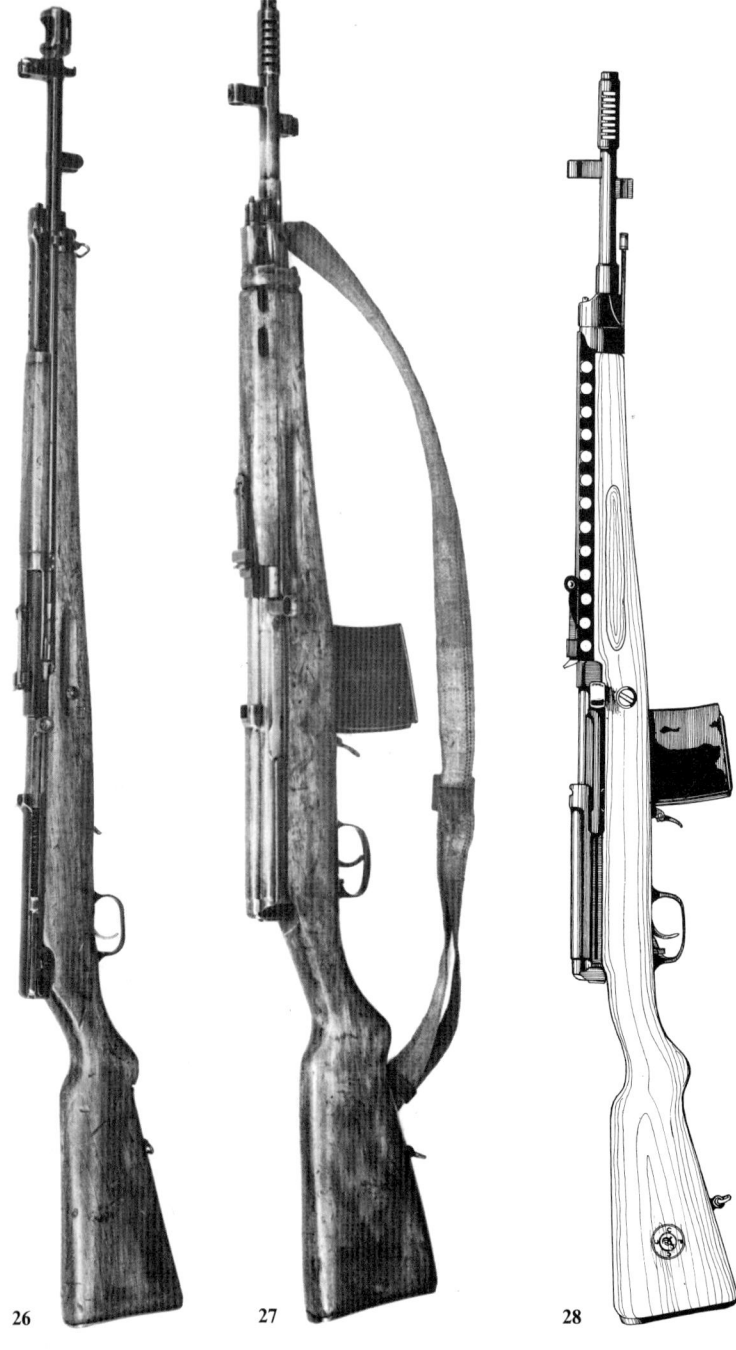

26 27 28

26 7,62 mm Selbstladegewehr SVT 1940

Als robustere Konstruktion der Tokarev von 1938 hatte das SVT 1940 nicht mehr den seitlich angebrachten Ladestock, sondern die konventionelle Art, nämlich unter dem Lauf. Der Oberring bestand aus einem Stück, das Blechteil davor ging um den ganzen Lauf im Gegensatz zu der Blech-Holz-Kombination des SVT 1938 herum. Wie beim Vorgänger, so waren auch hier wieder Kühlungslöcher in das Blech gebohrt, vier Schlitze im Schaft setzten die Kühlung fort. Den Mündungsfeuerdämpfer gab es in zwei Variationen: die ersten hatten sechs schmale Schlitze, die späteren nur zwei große. Das Selbstladegewehr SVT 1940 wurde hauptsächlich an Unteroffiziere ausgegeben. Wie schon beim SVT 1938, so wurden auch hier ausgesuchte Waffen mit Zielfernrohr ausgestattet und als Scharfschützengewehre verwendet.

Eine abgeänderte Version des SVT 1940, mit der nur Dauerfeuer geschossen werden konnte, war das AVT 1940. Es glich dem SVT bis auf einen Sicherungshebel; jedoch wurden nur wenige Waffen auf dieses System umgestellt.

27, 28 7,62 mm Selbstladekarabiner SVT 1940

Tokarev-Waffen in Karabinerform waren recht selten. Einige des Typs 1940 wurden auf Karabinerform geändert; aber es gibt bis heute keine Beweise, daß auch Waffen der Serie 1938 umgebaut worden sind. Vom Typ 1940 gab es zwei Karabiner: diejenigen, die einfach durch Verkürzung der Gewehre (Bild 27) zu Karabinern wurden, und andere, die tatsächlich schon als Karabiner gebaut wurden (Bild 28); das geschah um 1942 herum. Bei den verkürzten Waffen hatte man den Schaft verkürzt und die Schaftringe nach hinten versetzt sowie den Blechmantel vorn gekürzt. Dann wurde der Lauf gekürzt, und man hatte eine kompaktere Waffe als das Gewehr. Die Umbauten, das kann man den Waffen äußerlich ansehen, gingen in ziemlicher Eile vor sich; die Teile passen häufig schlecht. Die relativ geringen Mengen der als Karabiner gebauten SVT 1940 kann man leicht an der vollen Länge der vorderen Blechteile erkennen; die Läufe wurden natürlich auch in der gewünschten, kürzeren Lauflänge geliefert.

MASCHINENPISTOLEN

Während der Jahre um 1930 taten die Russen nur wenig, um zu Maschinenpistolen zu kommen; sie mußten ihre Armeen mit dringlichst verlangten schwereren Waffen ausrüsten. Und nachdem das leichte Maschinengewehr DP sich bewährte, konnten sich die russischen Konstrukteure auch dem Problem der Maschinenpistolen widmen. Sie richteten sich nach der deutschen Bergmann MPi 18/1 aus, die die erste Maschinenpistole, die funktionierte, war. Die erste russische Maschinenpistole – sie wird einer Ingenieursgruppe unter Führung von Degtyarev zugeschrieben und erhielt die Bezeichnung „PPD 1934" – lehnte sich streng an die deutsche Bergmann an. Beide arbeiteten nach dem Rückstoßprinzip, das häufig „Bergmann-System" genannt wird, und beide führten die Patronen durch ein Magazin mit Federdruck zu. Die PPD 1934/38 war eine verbesserte Variation des Entwurfs von 1934 und unterschied sich von ihr in Kleinigkeiten, so im Magazin. Sie hatte zwei Arten von Magazinen, das Trommelmagazin und das Stangenmagazin, das eine geringere Kapazität hatte. Die Russen zogen das Trommelmagazin – die Waffen hierfür waren an einem Stutzen über dem Verschluß erkennbar – vor; sie nahmen das größere Gewicht auf Grund des Vorteils der zur Verfügung stehenden Patronenzahl in Kauf. Die PPD 1934/38, die es in drei unterschiedlichen Versionen gab, war verhältnismäßig selten und wurde durch einen verbesserten Typ, der PPD 1940, ersetzt. Die PPD 1940 enthielt eine Menge der Konstruktionsteile vorangehender Modelle und konnte daher mit geringsten Kosten und ohne neue Maschinen hergestellt werden. Der Hauptunterschied zwischen der PPD 1934/38 und der PPD 1940 lag im Magazin: das senkrechte System der Zuführung wurde aufgegeben, nachdem zahlreiche Klagen über Ladehemmungen bekannt geworden waren. Das Trommelmagazin der PPD 1940 wurde entsprechend höher als das der PPD 1934/38 aufgesetzt. Daraus resultierend hatte die PPD 1940 einen Schaft, der in Höhe des Magazins geteilt war. Die Vorgängerinnen hatten einen Schaft aus einem Stück. Auch von dieser MPi wurden nur wenige gebaut; sie war eine Ausweichlösung zu einem Zeitpunkt, als die Deutschen bereits Fabriken der russischen Waffenfertigung im Sommer 1941 außerhalb von Moskau überrannt hatten.

Ein neuer Entwurf kam von Georgiy Shpagin (der zusammen mit Degtyarev an dem schweren Maschinengewehr DShK 1938 gearbeitet hatte); er wurde PPSh 1941 genannt. Aus rohen Preß- und Stanzteilen zusammengeschweißt, war diese Waffe wohl der Höhepunkt an Einfachheit. Die russische Fabrikation war schon immer auf primitive Herstellung ausgerichtet, und die Sowjet-Armee brauchte jede Waffe, die nur irgend hergestellt werden konnte – unter solchen Umständen kümmerte man sich nicht viel um das Finish. Die Produktion wurde häufig genug in kleinen Fabriken fast ohne Maschinen vorgenommen. Diese Maschinenpistole kostete so gut wie nichts und war wirkungsvoll, außerdem stützte sie die sowjetische Strategie, die Deutschen mit Massen zu halten – mit Massen, ohne Rücksicht auf Verluste. Interessant im Zusammenhang mit der PPSh ist auch die Verwendung von Läufen des überholten Moisin-Nagant-Gewehres, die nur in der Mitte durchgeschnitten zu werden brauchten, damit man zwei MPi-Läufe erhielt. Manchmal waren diese Läufe innen verchromt, um sie haltbarer zu machen. Wie die Degtyarev, wurde auch die PPSh – sie war wie alle Waffen dieses Typs auf die Standard-Pistolen-Munition 7,62 mm ausgelegt – mit zwei unterschiedlichen Magazin-Typen ausgestattet.

1942 erhielten ausgesuchte Truppen und Fallschirmjäger neue Maschinenpistolen. Das war die PPS 1942, die von einem bisher unbekannten Ingenieur, Aleksei J. Sudarev, konstruiert war. Diese Waffe zeigte eine verblüffende Ähnlichkeit zu den MPi 38 und MPi 40, die bei der Deutschen Wehrmacht weitgehendst eingesetzt waren. Schon im nachfolgenden Jahr kam eine verbesserte Version, die PPS 1943, heraus, die sich nur geringfügig von ihrer Vorgängerin unterschied. Während man die Sudarev-Waffen leicht an ihrer einschiebbaren Schulterstütze erkennen konnte, blieben PPD und PPSh bei dem unbequemen Holzschaft.

29, 30   7,62 mm Maschinenpistole PPD 1934/38

Die PPD 1934/40 basierte auf der Bergmann MPi 18/1 und war der erste russische Entwurf, der in die Produktion ging. Es handelte sich um eine Waffe nach dem Rückstoßlader-Prinzip, entweder mit Trommelmagazin oder mit einem 25-Schuß-Stangenmagazin. Von der PPD 1940 unterschied sich diese Maschinenpistole durch den Holzschaft aus einem Stück und Umschaltmöglichkeit von Einzel- auf Dauerfeuer. Von der PPD 1934/38 gab es drei verschiedene Typen. Der erste hatte einen Abzugsbügel aus einem Stück und einen Feuer-Umschalthebel mit den Nummern 1 und 73; der Laufmantel hatte vier Kühlreihen mit je acht Längsschlitzen. Beim zweiten bestand der Abzugsbügel aus zwei zusammengeschweißten Stücken, der Umschalthebel trug die Nummern 1 und 71; der Laufmantel war der gleiche wie bei Typ 1. Beim dritten Typ waren Abzugsbügel und Umschalthebel Typ 2 mit dem Laufgehäuse der PPD 1940 kombiniert.

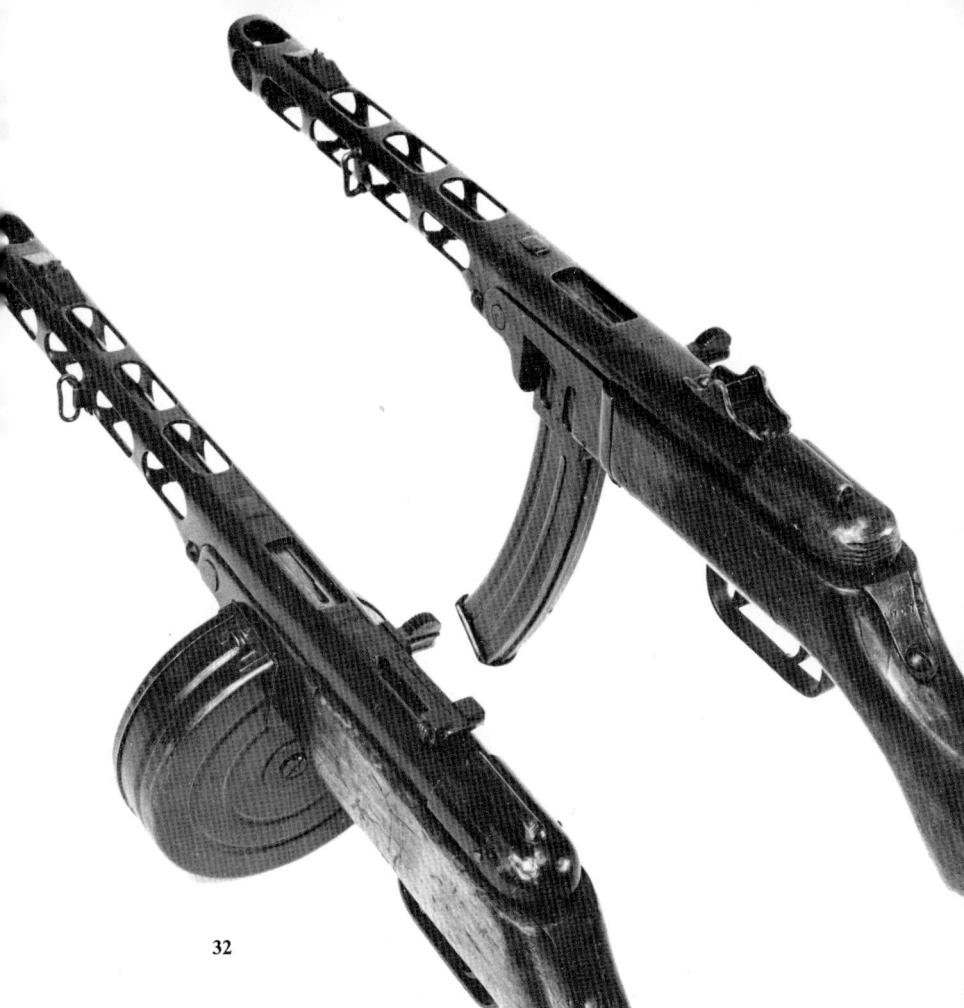

32

31 7,62 mm Maschinenpistole PPD 1940
Die PPD 1940 Degtyarev wurde von der Bergmann her entwickelt und arbeitete nach dem gleichen Rückstoßprinzip wie ihre Vorgängerinnen. Äußerlich glich sie der PPD 1934/38, hatte jedoch einen geteilten Schaft. Das Magazin saß wesentlich höher in der Magazinhalterung wie bei den anderen Maschinenpistolen, und die Kühlschlitze waren in etwa doppelt so groß wie die der PPD 1938/40. Mit einem Sicherungshebel am Spannstück konnte der Verschluß entweder in der vorderen Stellung oder in gespanntem Zustand gesichert werden. Der Umschalthebel von Einzel- auf Dauerfeuer befand sich am Abzugsbügel.

32, 33 7,62 mm Maschinenpistole PPSh 1941
Auch die PPSh schoß nach dem Rückstoßlader-System. Sie hatte ein Trommelmagazin ähnlich des Thompsons; aber manchmal sah man auch ein Stangenmagazin wie bei der PPS, das einen wesentlich einfacheren Mechanismus hatte. Die

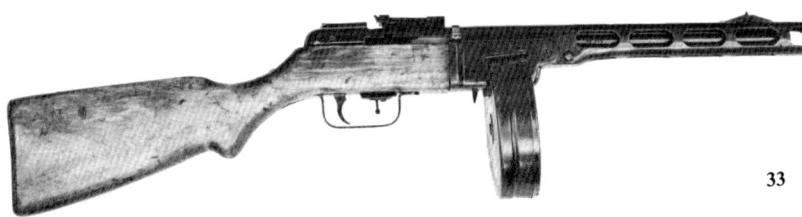

Läufe der PPSh kamen zur Hauptsache aus Restbeständen der überholten M 1891-Gewehre – jeweils ein Gewehrlauf ergab zwei Läufe für Maschinenpistolen. Einige dieser Läufe wurden innen verchromt, um ihre Lebensdauer zu erhöhen. Charakteristisch für die PPSh war ihr hölzerner „Halbschaft" ohne vordere Handhabe. Das Holz war häufig fest und von schreiendem Gelb; es wurde oft mit durchsichtigem Lack überzogen. Das Laufgehäuse ging bis über die Laufmündung hinaus und bildete vorn eine Art Mündungsfeuerdämpfer. Obwohl die Maschinenpistole grundsätzlich für wahlweises Feuer gebaut waren (bei einigen MP der Baujahre 1942–43 gab es allerdings diese Möglichkeit nicht) fehlte eine Sicherung. Man sah die Sicherung wohl durch das erhebliche Abzugsgewicht von etwa neun bis dreiundzwanzig Kilogramm schon von allein gegeben. Bild 32 zeigt die Magazine und die Unterschiede in den Visierungen. Die Visierung bestand ursprünglich aus einem Kurvenvisier, einstellbar bis zu 500 m, wurde später jedoch in eine Kimme, einstellbar auf 100 und 200 m, geändert.

34 7,62 mm Maschinenpistole PPS 1943
Die PPS 1943 ergänzte die vorhandenen PPSh und die sich noch im Versuchsstadium befindlichen PPS 1942 (von denen sie sich hauptsächlich durch den über die ganze Waffe gehenden Laufmantel ohne ein senkrecht stehendes Verbindungsstück vor dem Magazin unterschied). Die PPS waren Rückstoßlader und zeigten eine verblüffende Ähnlichkeit mit der deutschen MPi 38. Das Magazin war ein gekrümmtes Stangenmagazin wie bei einigen der PPSh; aber die PPS 1943 hatte im Gegensatz zu den anderen Maschinenpistolen einen Sicherungshebel vorn am Abzugsbügel. Obwohl diese Waffe nur aus Metall-Preßteilen bestand, war sie bedeutend besser als alle ihre Vorgängerinnen verarbeitet. Man konnte sie sofort an ihrem Metallschaft erkennen, der nach vorn über das Verschlußgehäuse geklappt wurde und seinen Drehpunkt hinten an der Visierung hatte. Der einzige Teil der PPS, der nicht aus Metall war, war das Griffstück, das entweder aus Plastik oder aus Holz bestand. Das Laufgehäuse hatte sieben Löcher für die Kühlung; vorn am Laufgehäuse war ein Mündungsdämpfer aus Blech mit offenen Seiten angeschweißt.

MASCHINENGEWEHRE

Die ersten Maschinengewehre, die Rußland erhielt, waren Maxim-Gewehre, die durch Vickers' Sons & Maxim Machine Gun Company, England, verkauft wurden. Um 1905 herum war es dann der Industrie des Zarenreiches möglich, selbst Maschinengewehre herzustellen. Das Werk Tula hatte zwar bereits schon vorher MG-Läufe gefertigt; aber das erste MG wurde 1905 auf den Grundlagen von Maxim als PM 1905 (Pulemet Maxim, Maschinengewehr Maxim Mod. 1905) herausgebracht. Dieses MG hatte noch einen Kühlmantel aus Bronze.

Während der Zeit von 1912 bis 1913 wurde durch russische Militär-Publikationen ein neuer Typ des russischen Maxim-MG bekannt, das PM 1910, mit dem die Russen noch während des zweiten Weltkrieges kämpften. Es unterschied sich von seinem Vorgänger nur dadurch, daß es anstelle des Bronze-Kühlmantels einen aus Stahl hatte. Ferner war die Zuführung ein wenig abgeändert.

Von der Konstruktion 1910 wurden die verschiedensten Variationen bekannt; diese Waffe – in Verbindung mit der oft gerühmten Sokolov-Lafette – wurde von den Sowjettruppen sogar noch nach der Einführung des SG 1943 geführt. Die Endstufe erreichte das „Russen-Maxim" mit dem großen Wasser-Einfüllstutzen oben auf dem Lauf. Während der Jahre 1920 bis 1925 wurde auch ein Fla-MG – genannt PV 1 – dieses Typs in begrenzter Anzahl gebaut.

Anfang der Dreißiger Jahre versuchte man, das Maxim-System auf eine leichtere Waffe zu konvertieren. Diese Waffe sollte ein Zweibein haben, und zwei entsprechend abgeänderte Gewehre traten in einen Test mit dem Degtyarev DP 1926. Das abgeänderte Maxim kam aus der Werkstatt des allgegenwärtigen Herrn Fedor Vassiyevich Tokarev (das Gewehr hieß Maxim-Tokarev bzw. MT) und eines Ingenieurs namens Koleshnikov, von dem man wenig wußte und dessen Konstruktion als MK = Maxim-Koleshnikov bezeichnet wurde. Das MT war luftgekühlt, verwendet einen fabrikmäßig hergestellten Gurt mit 250 Schuß und wurde 1929 für Testbeschüsse ausgeliefert. Es kamen derart viel Reklamationen von der Truppe, daß alle Vorteile der Produktion – es konnte mit dem Maschinenpark für das PM 1910 gefertigt werden – zunichte gemacht wurden. Man gab das Projekt MT auf und verkaufte die bereits fertiggestellten Waffen dieses Typs an die Rotspanischen Truppen; einige wenige gingen auch nach China, wo sie von 1937 bis 1945 eingesetzt wurden. Über verschiedene Einzelheiten des MT weiß man bis heute nichts – es war eine Waffe mit Zweibein, ziemlich leicht und sah aus wie ein Maxim mit einer

Art Pistolengriff. Ebensowenig weiß man über das MK, das aussah wie das MT; aber einen anderen Pistolengriff hatte. Genau wie das MT, zeigte sich auch das MK den Truppenanforderungen nicht gewachsen und Restbestände wurden nach Spanien geschickt. Man versuchte auch, das Maxim auf 13 mm-Kaliber hochzubringen. Diese Versuche scheiterten, und die wenigen Waffen dieser Art – man spricht von acht – wurden Kadettenschulen in der Nähe Moskaus zugewisen.

Erwähnt wurde bereits das lMG DP 1926 von Degtyarev, das als Alternative zu den „verbesserten Maxim" angeboten wurde. Dieses System wurde in den Jahren 1920–1922 von Vasiliy Alexeyevich Degtyarev vorgestellt; aber fünfzig Jahre vorher hatte bereits Friberg dieses System der Öffentlichkeit unterbreitet. Nachdem Degtyarev vier Jahre daran gearbeitet hatte, konnte er einen Prototyp für das Testschießen mit den MT und MK zur Verfügung stellen. Dieser Prototyp erhielt die Bezeichnung „DP 1926" (P heißt „Pekhotniy" = Infanterie). Während des Versuchsschießens lief wegen der Verschlußfeder einiges schief. Der Versuch endete schließlich damit, daß man dem DP 1926 eine zweite Chance gab und dabei erwies es sich durchaus als vielversprechende Waffe. Die Truppe erhielt auf Grund dessen eine überarbeitete Version dieser Waffe, die als Fla-MG (DA) und als MG für gepanzerte Fahrzeuge (DT – 1929) herauskam. Diese Waffen waren jedoch immer noch Prototypen, und eine Fertigung größeren Ausmaßes begann man nicht vor Mitte der Dreißiger Jahre.

Dann bemühte man sich, das LMG von Degtyarev in ein schwereres MG umzuwandeln, das die neu eingeführte 12,7 mm-Patrone verfeuern konnte. Die erste dieser geplanten Waffen, die alle Gurtzuführung hatten, war das DK 1934 – ein MG, das man außerhalb Rußlands überhaupt nicht kennt und von dem man nur weiß, daß es je als Prototyp mal bestanden hat. Das DK hatte die bei den Russen so beliebte Boden-Fla-Lafette: beim Erdkampf konnte das MG sehr schnell auf den beiden Rädern fortbewegt werden, und wenn man sie abnahm, hatte man ein Dreibein zur Fliegerbekämpfung.

Das DK war offensichtlich zu früh geboren und wurde innerhalb von vier Jahren durch das DShK 1938 aus dem Rennen geworfen. Das DShK 1939 wurde von Vasiliy Degtyarev und Georg Shpagin (der uns bereits bei den Maschinenpistolen begegnete) gemeinsam konstruiert; beide waren hochqualifizierte Waffenexperten. Das DShK zeigte sich als außerordentlich wirksam und stand während des ganzen Krieges im Einsatz. Nach Einstellung der Feindseligkeiten wurde eine verbesserte Variation (DShK 1938/46) eingeführt. 1939 kam noch eine

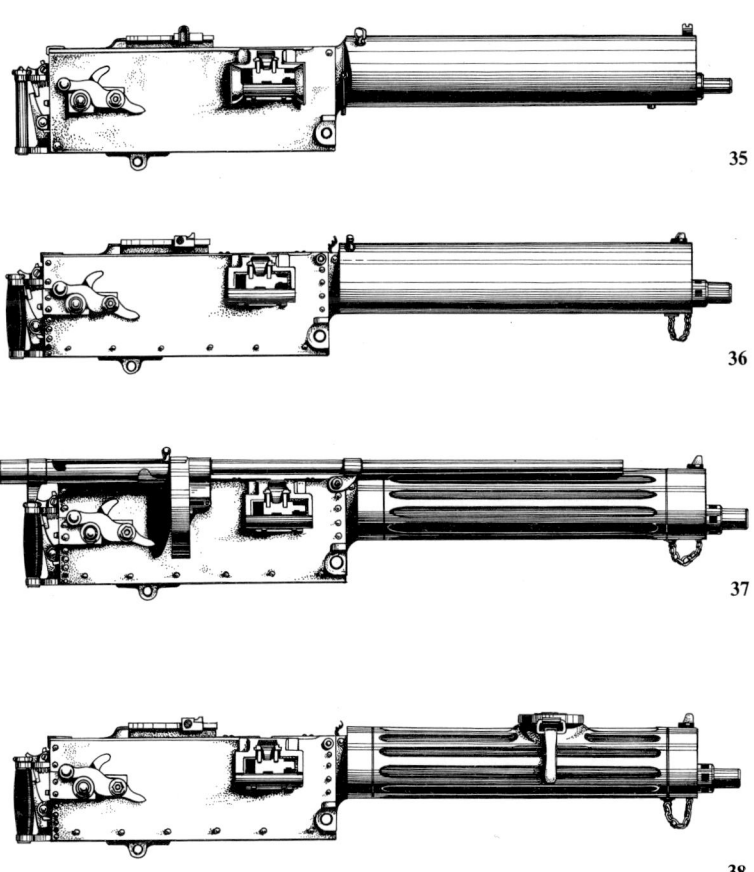

35, 38 Die Entwicklung der russischen Maxim-Maschinengewehre

Bild 35 zeigt das Original Maxim 1905 mit Bronze-Kühlmantel. Dieser Kühlmantel wurde beim M 1910 (Bild 36) durch einen Stahl-Kühlmantel ersetzt. Spätere Waffen hatten einen Kühlmantel mit Längsriefen (Bild 37 – das MG ist abgebildet mit einem Einstecklauf-System zum Verschießen kleinerer Kaliber). Die endgültige Version des Maxim (Bild 38) schließlich hatte einen großen Wasser-Einfüllstutzen.

andere Degtyarev-Konstruktion heraus – das unglücklich konzipierte IMG DS 1939. Das DS hatte vor allem darunter zu leiden, daß es außerhalb der russischen Produktionsmöglichkeiten lag und zu einer „Prestige-Waffe" wurde, die jedoch niemals das Finish vergleichbarer Waffen erreichte. Der Mechanismus dieser Waffe gestattete es, die Feuergeschwindigkeit entsprechend des Verwendungszweckes als Boden- oder Fla-MG einzustellen; aber dennoch wurde sie bei der Einführung des SG 1943 fallengelassen. Das DS hatte eine einfache Konzeption und verhältnismäßig wenig sich bewegende Teile; aber mit der Bedienung war die Mannschaft einfach überfordert.

Das SG 1943 kam von einem talentierten Ingenieur Pyotr Maximovich Goryunov, der 1943 starb, bevor er seine Konstruktion zur vollen Reife führen konnte. Sein MG wurde fertiggestellt und weiter verbessert durch seinen Bruder, Mikhail Goryunov, dem dabei ein Ingenieur namens Voronkov half. Natürlich behaupteten die Russen, daß der Verschluß-Mechanismus des SG 43 ein Endresultat technischen Könnens der Sowjetunion sei – genau so, wie sie jede gravierende Erfindung auf Rußland zurückführen; – aber nachgewiesen ist, daß Goryunovs Waffe einem Patent von John M. Browning, registriert beim amerikanischen Patentamt, „nachempfunden" wurde. Aber dennoch ist es Goryunovs Verdienst, daß diese Waffe jemals vom Reißbrett in die Produktion umgesetzt wurde; sie gehörte noch 1969 (wenn auch abgeändert) zur Ausrüstung der kämpfenden Truppe der Sowjet-Armeen.

Neben diesen für den Erdkampf bestimmten Waffen setzten die Russen auch nicht festeingebaute Flieger-MGs bei der Infanterie ein. Eines dieser MGs war das ShKAS, das entweder auf einer speziellen Fla-Lafette oder auf einem Dreibein untergebracht war. Diese Waffe, eine Konstruktion von Boris Gabrielovich Shpitalny und Irnahr Andriyevich hatte eine ganze Reihe von Verbesserungen seit ihrer Einführung im Jahre 1932 über sich ergehen lassen müssen. Am meisten verbesserte man auf dem Boden das KM 35 und das KM 36; aber daneben wurde auch ein früheres Modell, das KM 33, eingesetzt. Diese Waffen zeichneten sich besonders durch ihre hohe Kadenz aus – sie lag zwischen 1700 und 2000 Sch/min. Das schwere BS-Maschinengewehr, konstruiert von Mikhail Beresin, war auf das Kaliber 12,7 mm ausgelegt und wurde auf gepanzerten Fahrzeugen und zur Fliegerabwehr eingesetzt.

Daneben haben die Russen auch ein bemerkenswertes Potential fremder Waffen zur Verfügung gehabt: das tschechische ZB 26 (7.92 mm); das deutsche MG 08, das MG 08/15, das MG 13, das MG 34 und das MG 42 (alle im Kaliber 7.92 mm); die britischen Vickers und

Vickers-Berthier (0.303); das amerikanische Browning M 1917 (0.30), Colt M 1914 (7.62 mm, dem russischen Gewehrkaliber gleich), Lewis (0.30) und Maxim-Gewehre (7.62 mm).

Zwei Sowjetsoldaten in Feuerstellung im Ural, Herbst 1942. Der Soldat rechts bedient ein lMG DP 1928, der links hat das Gewehr M 1891/30.

39, 40 7,62 mm Maschinengewehr PM 1910

Dieses MG war die Endstufe der „russischen Maxim-MG": Gurtzuführung und Wasserkühlung; Rückstoßlader. Wie bei den britischen Vickers – die selbst aus dem Maxim heraus entwickelt worden waren – wurde auch hier eine zusätzliche Schubkraft auf den Verschlußblock durch Abfangen der Verbrennungsgase an der Mündung erreicht. Vom PM 1910 gibt es verschiedene Varianten; aber die Endstufe dieses Typs hatte einen großen Wasser-Einfüllstutzen oben auf dem Laufmantel. Das MG wurde auf zwei verschiedene Lafetten gesetzt – die eine und populärere war als die „Sokolow" (so benannt nach ihrem Konstrukteur), ein Handkarren mit einem U-förmigen Lafettenschwanz. Die ersten Lafetten-Karren hatten noch zusätzlich zwei Ausleger, mit deren Hilfe man die Räder vom Boden liften konnte (Bild 40). Die andere, „Universal-Lafette" war eine Dreibein-Lafette, die gleichfalls Räder hatte und bei der die Ausleger zusammengeklappt wurden und als Handhabe beim Transport dienten. Beide Lafetten wurden auch mit Schutzschildern geliefert. Die Visierung bestand aus einem hochzuklappenden Stift-Visier mit rastenverstellbarer Kimme und einem wegen des Wasser-Einfüllstutzens nach links versetztem Korn. Gelegentlich hatten die PM 1910 an der linken Seite des Verschlußes eine Halterung zur Aufnahme einer optischen Visiereinrichtung.

41, 42, 43 7,62 mm Maschinengewehr DP 1928

Das DP 1928 war ein Gasdrucklader, der nach dem Verschluß-System Kjellmann-Friberg arbeitete. Diese Waffe war das Standard-Maschinengewehr der Sowjet-Streitkräfte bis zur Einführung des DPM, und auch heute noch (1970) gehört es zur Frontausrüstung der Streitkräfte einiger Sowjet-Satelliten-Staaten. Das DP war leicht an seinem Magazin zu erkennen: obwohl es in seinen Ausmaßen dem Lewis-Magazin entsprach, hatte das DP-Magazin jedoch einen äußeren, feststehenden Teil, während sich der innere Teil sich um eine Achse drehte. Das MG hatte ferner einen Pistolen-Halbgriff und einen im Preßverfahren hergestellten Laufmantel, dessen

42 43

Kühlschlitze über dem gerippten Lauf lagen. Das Dreibein lag vorn um den Gastunnel herum und war die Ursache für viele Klagen in bezug auf die Stabilität der Waffe; dieser Punkt wurde in folgenden Konstruktionen verbessert. Hinter dem Abzugsbügel saß eine Sicherung, die eingedrückt werden mußte, während der Abzug durchgezogen wurde. Das Degtyarev-System erwies sich als sehr gut im praktischen Gebrauch, obwohl die Unterbringung der Verschlußfeder bei den ersten Waffen dieses Typs unter dem Lauf zu Verwerfungen der Verschlußfeder auf Grund der Lauferhitzungen führten. Die Feder wurde daraufhin später in einem Tunnel untergebracht.

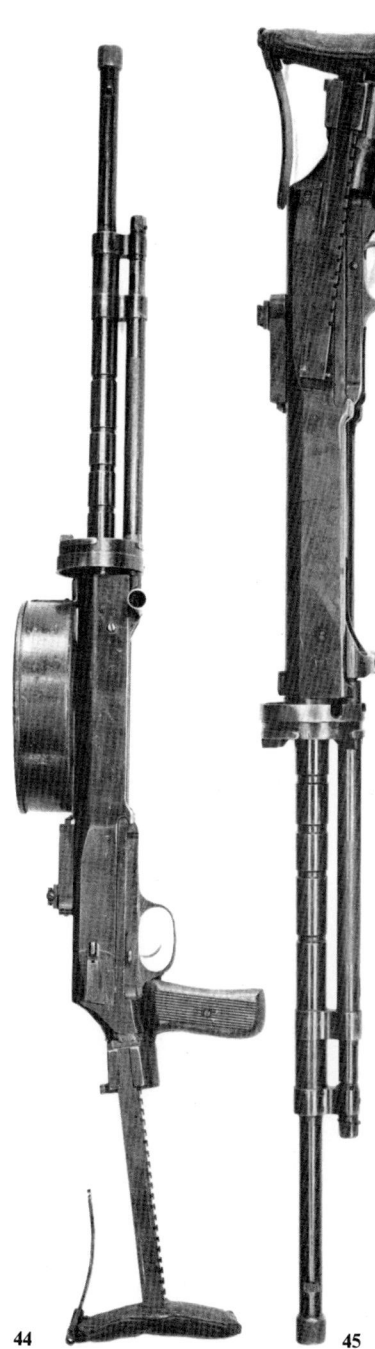

44, 45 7,62 mm Maschinengewehr DT 1929

Das DT war eine verbesserte Version des Standard-MGs DP. Es war für die leichte Bewaffnung von gepanzerten Fahrzeugen und Panzern vorgesehen. Das Verschlußsystem war das gleiche wie beim DP, Änderungen gab es nur im Aussehen: der Schaft wurde durch eine abnehmbare Schulterstütze aus Metall ersetzt und ein anderes Magazin, Fassungsvermögen 60 Schuß in zwei Reihen, wurde aufgesetzt. Wenn das MG mit einem Zweibein versehen war, trug es oft ein neues Visier, dem Kurvenvisier ähnlich. Als Panzer-MG hatte die Waffe – vom Einsatz als Fla-MG abgesehen – ein optisches Visier.

46 7,62 mm Maschinengewehr DPM 1944

Auf Grund der Beschwerden über das DP 1928 änderten die Russen die Waffe entsprechend ab und brachten dieses Gewehr dann unter der Bezeichnung DPM 1944 heraus. Das anfällige Zweibein wurde durch ein anderes ersetzt, das nicht mehr unter dem Gastunnel, sondern am Laufmantel befestigt war. Die Waffe konnte um ihre Längsachse gedreht werden, dadurch verbesserte sich ihre Stabilität in unbequemem Gelände. Die Verschlußfeder, die ursprünglich unter dem Lauf untergebracht werden sollte (wodurch sie zu großer Hitze ausgesetzt war), wurde in einem runden Gehäuse untergebracht. Des weiteren wurde der Sicherungshebel am Griff durch einen „normalen" Sicherungshebel ersetzt und der Waffe ein Pistolengriff gegeben. Die Truppe bekam das neue MG erstmals im Oktober 1944; das DPM 1944 schoß genauer und war funktionssicherer als sein Vorgänger, das DP.

47   7,62 mm Maschinengewehr für Panzer DTM 1944

Das DTM 1944 war eine Weiterführung des verbesserten DPM-Infanterie-MGs. Es hatte eine ausziehbare Schulter-Stütze und war mit einem 60-Schuß-Trommelmagazin ausgestattet. Mit Ausnahme der Unterbringung der Verschlußfeder hinten am Spannhebel war es mit dem DT 1929 identisch.

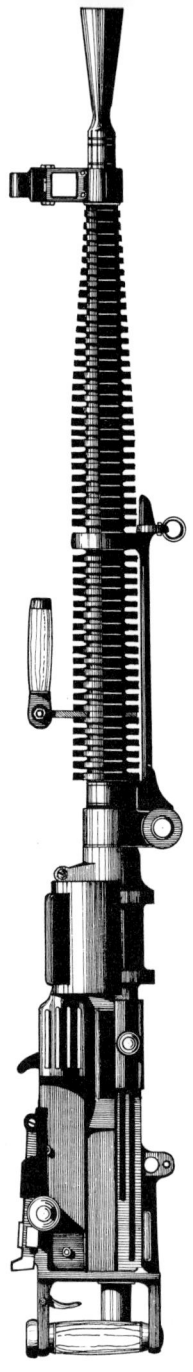

48 7,62 mm Maschinengewehr DS 1939

1939 wurde ein von Degtyarev entwikkeltes Maschinengewehr eingeführt, das die alten Maxim-Modelle ersetzen sollte. Das Ds 1939 war eine verkleinerte Ausgabe des DShK 1938. Es konnte die russische Standardpatrone im Dauerfeuer verschießen und hatte statt des Trommelmagazins eine Gurtzuführung. Zu erkennen war das DS 1939 vor allem an dem gerippten Laufmantel und an Abzugs- und Bedienungshebel, die hinten hinter der Waffe angebracht waren. Das DS 1939 hatte nur relativ wenig bewegliche Teile. Die Feuergeschwindigkeit konnte eingestellt werden; die höhere Kadenz (1100 Schuß/Min.) war zur Luftabwehr gedacht, die geringere (550 Schuß/Min.) für den Erdkampf. Zur Änderung der Kadenz mußten nur der Gasdruck-Stauraum und die Spannung der Verschlußfeder geändert werden. Dennoch zeigte dieses System Schwierigkeiten, die dazu führten, daß man es 1934 aufgab. Die Infanterie hatte das DS 1939 in der Ausführung mit einem mit Rädern versehenen Dreibein und manchmal auch mit Schutzschild.

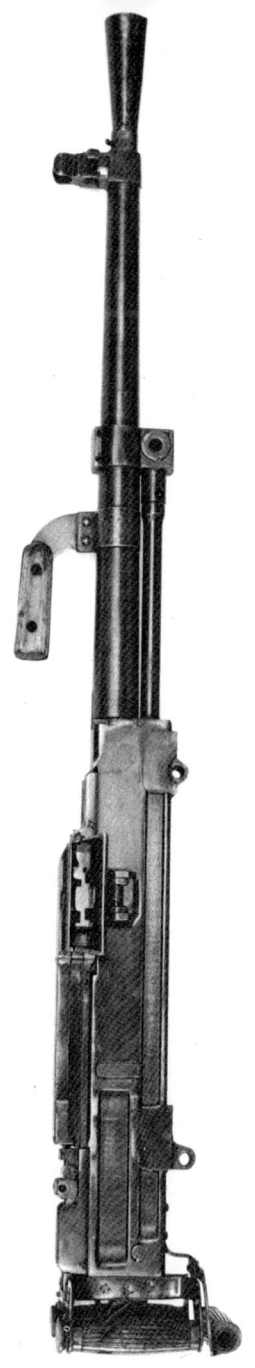

49 7,62 mm Maschinengewehr SG 1943

Das SG 1943 war ein anderes russisches MG mit Gurtzuführung, das 1943 in aller Eile eingeführt wurde, nachdem sich das DS 1939 als nicht allzu wirksam herausgestellt hatte. Zum ersten Mal seit dem Maxim-MG trennten sich die Russen von den Konstruktionen Degtyarevs und gingen auf Systeme über, die Goryunov geschaffen hatte. Während Degtyarev an dem System von an den Seiten verriegelnden Klappen hing, hatte Goryunov den hinteren Teil der ganzen Verschlußeinheit an der rechten Seite der Kammerwand mit Warzen verriegelt. Das SG 1943 war wieder ein Gasdrucklader. Äußerlich war das SG ein Maschinengewehr mit Gurtzuführung und Abzugs- und Handhabungssystem hinten am Gewehr. Der Lauf hatte keine Kühlrippen (erst in einer Nachkriegsverbesserung tauchte ein mit Schlitzen versehenes MG auf, das SMG). Das SG 1943 hatte einen abklappbaren Tragegriff, an der Mündung befand sich ein angeschweißter Feuermündungsdämpfer. An die Truppe wurde diese Waffe als Erdkampf- und Fla-MG abgegeben; sie hatte eine Lafette mit Rädern, damit sie leichter fortbewegt werden konnte.

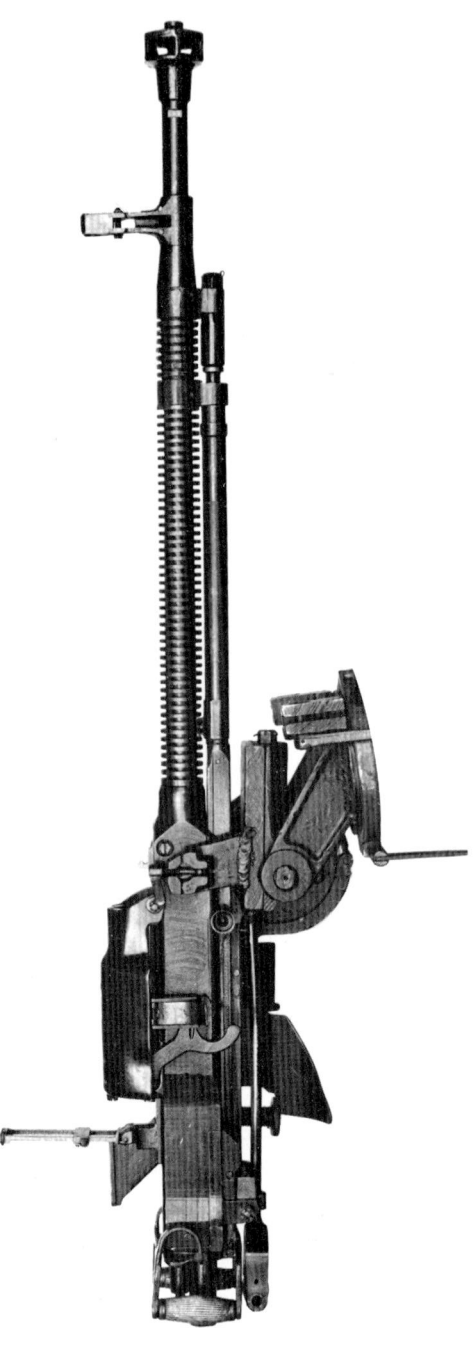

50, 51 12,7 mm Maschinengewehr DShK 1938

Das DShK blieb Standard-Maschinengewehr – schweres Maschinengewehr – der Sowjetstreitkräfte während des ganzen Krieges. Außerdem wurde es als MG bei größeren gepanzerten Fahrzeugen und auf kleineren Marinefahrzeugen eingesetzt. Das MG wurde von Degtyarev und Shpagin gemeinsam entwickelt; sie ergänzten einander besonders beim Verschlußsystem und bei der Zuführung. Eine neue Art der Zuführung wurde gefunden: ein Trommelmagazin, das das Fassungsvermögen eines Gurtes hatte. Das war ein rotierender Block, der durch einen Stahldeckel geschützt war und oberhalb des Verschlusses angebracht war. Die Patronen wurden von den Gelenken eines Gurtes aufgenommen. rotierten innerhalb des Blockes und wurden dann dem Patronenlager zugeführt. Der Verschlußmechanismus entsprach dem des Standard-MG, des DP 1928. Äußerlich sah das DShK dem DS ähnlich – Griff und Abzug hinten an der Waffe, Lauf mit Kühlrippen, langer Feuermündungsdämpfer vorn auf den Lauf aufgeschweißt. Für gewöhnlich wurde die normale Visierung verwendet, jedoch wurde sie gelegentlich gegen die Fliegervisierungen M 1938 oder M 1941 ausgetauscht: mit beiden

52 Das DShK 1938 auf Dreibein-Lafette mit abgenommenen Rädern.

konnte man gut auf sich schnell bewegende Ziele schießen. Wie beim SG, so wurde auch hier eine Räder-Lafette verwendet, die für den Erdkampf und die Luftabwehr benutzt werden konnte und es gestattete, die Waffe leicht zu transportieren. Um mit dieser Lafette auf Luftziele zu schießen, mußten die Räder abgenommen und das Dreibein (etwa schulterhoch) montiert werden. Häufig war das MG auch mit einem Schutzschild versehen und oft als Doppel- oder Vierfach-MG eingesetzt, manchmal auch mit montiertem Suchscheinwerfer.

ANTI-TANK-GEWEHRE

(Anmerkung d. Übers.: Der Begriff „Anti-Tank-Gewehre" wurde hier stehengelassen, weil wir im Deutschen eine solche Waffenart nicht haben – bei uns werden Panzer mit der Pak, mit Hohlhaftladungen, Minen oder auch später mit der „Panzerfaust", „Ofenrohr" u. ä. bekämpft. Ein „Anti-Tank-Gewehr" gab es lediglich im ersten Weltkrieg, gebaut von Mauser, ferner bei der Wehrmacht die Panzerbüchsen 38 und 39, die jedoch nur in den ersten Jahren des zweiten Weltkrieges benutzt wurden, weil später die Durchschlagkraft der Geschosse gegen die immer stärker gepanzerten Fahrzeuge nicht mehr ausreichte. In der anglikanischen Welt ist „Anti-Tank-Gewehr" jedoch nach wie vor ein feststehender Begriff.)

Entsprechend ihrem Hang, auf Nahdistanzen zu kämpfen, waren die Russen noch mit Anti-Tank-Gewehren zu einem Zeitpunkt ausgerüstet, als derartige Waffen sowohl von ihren Verbündeten als auch von den Deutschen bereits als überflüssig und veraltet angesehen wurden. Weshalb die Russen an diesen Waffen festhingen, ist eigentlich niemals recht klar geworden; denn schließlich hatten sie ja nur eine beschränkte Durchschlagskraft und außerdem standen andere Panzerbekämpfungsmittel ausreichend zur Verfügung. Aber dennoch gab es innerhalb der Roten Armee vier solcher Modelle.

Das erste, von dem eine offizielle Bezeichnung nicht bekannt ist, wird allgemein als „Mod. 1938" bezeichnet. Es war ein einschüssiges Schlagbolzengewehr, das dem deutschen PzAGew 1918 nachempfunden war. Das deutsche PzAGew war mehr oder weniger ein vergrößertes Infanterie-Gewehr 1898. Das russische Gegenstück war etwa 1,80 m lang, hatte einen Lauf von 80 Zentimetern und wog mit Zweibein mehr als siebzehn Kilogramm. Behauptet wird, daß man dieses Gewehr 1939 dahingehend abgeändert habe, daß es ein fünfschüssiges Stangenmagazin aufnehmen konnte: Länge über alles fast zwei Meter (einschließlich Feuermündungsbremse), Lauflänge 1,15 cm, Gewicht etwa zwanzig Kilogramm mit Zweibein. Beide, das einschüssige M1938 und sein Magazin-Nachfolger waren auf die randlose Patrone 12,7 mm ausgelegt – die gleiche, die das DShK 1938 verschoß –; aber beide konnten die Panzergürtel nicht mehr durchschlagen und wurden abgelöst.

Die nächsten Waffen dieser Art kamen 1941 heraus. Die eine Konstruktion stammte von Simonov, die andere von Degtyarev; beide Typen trugen ein Magazin und waren einschüssig. Auch sie konnten nicht viele Freunde gewinnen. Das lag einmal daran, daß sie sehr schwer und unhandlich lang waren, und zum zweiten an ihrem Mündungsfeuerdämpfer, der so konstruiert war, daß dem Schützen die Rückstoßgase ins Gesicht geblasen wurden. Obwohl beide Waffen stärker als vergleichbare anderer Staaten waren, verfügten sie immer noch nicht über eine ausreichende Durchschlagskraft. Als weiterer Nachteil erwies sich das halbautomatische System von Simonov, das in extrem kalten Wintern Rußlands nicht funktionierte, so daß die Waffe nach jedem Schuß als Einzellader von Hand bedient werden mußte. Dennoch beließ man beide Waffen bis zum Kriegsende bei der Truppe – die Tatsache, daß die russische Infanterie keine wirkungsvollere Waffe zur Panzerbekämpfung hatte, erschien im Hinblick auf die Gesamtausstattung der Infanterie interessant.

Genau wie bei diesen Anti-Tank-Gewehren, so war die russische Infanterie noch mit zwei weiteren unterschiedlichen Typen im Kaliber 7,62 mm ausgerüstet. Das eine war das M 1927 L, das andere, das dieses Gewehr später ersetzen sollte, war das M 1942 L. Es war wegen seiner niedrigen Mündungsgeschwindigkeit – knapp über 260 m/s – nicht sehr beliebt; seine Granaten konnten die Panzerung der deutschen Panzer auch mit Hohlladungsgeschossen nicht durchschlagen.

Die Russen verwendeten Panzer-Abwehrkanonen in großem Stil. Sie scheinen auch die ersten gewesen zu sein, die das Wettrennen Pak – Panzerung aufnahmen. Als andere Nationen sich noch auf die 3,7 cm als Standard-Pak verließen, hatten die Russen bereits 4,5 cm-Pak: während dieser Zeit wurden hauptsächlich die M 1937 und die M 1942 sowie die beiden 5,7 cm M 1941 und M 1943 eingesetzt. Man setzte auch das 7,6 cm-Feldgeschütz M 1936 L/50 als wirkungsvolle Panzer-Abwehrwaffe ein und brachte 1944 eine 10 cm-Pak an die Front. Die meisten Feldgeschütze und Haubitzen mit einem Kaliber unter 15 cm waren mit panzerbrechender Munition ausgestattet, die in etwa die gleichen Eigenschaften aufwies wie die anderer Staaten.

Ein ehrgeiziger Sowjet-Soldat, der sein Anti-Tank-Gewehr PTRS als Fliegerabwehrwaffe verwendet. Dieses Propaganda-Photo wurde Anfang 1942 veröffentlicht.

52   54

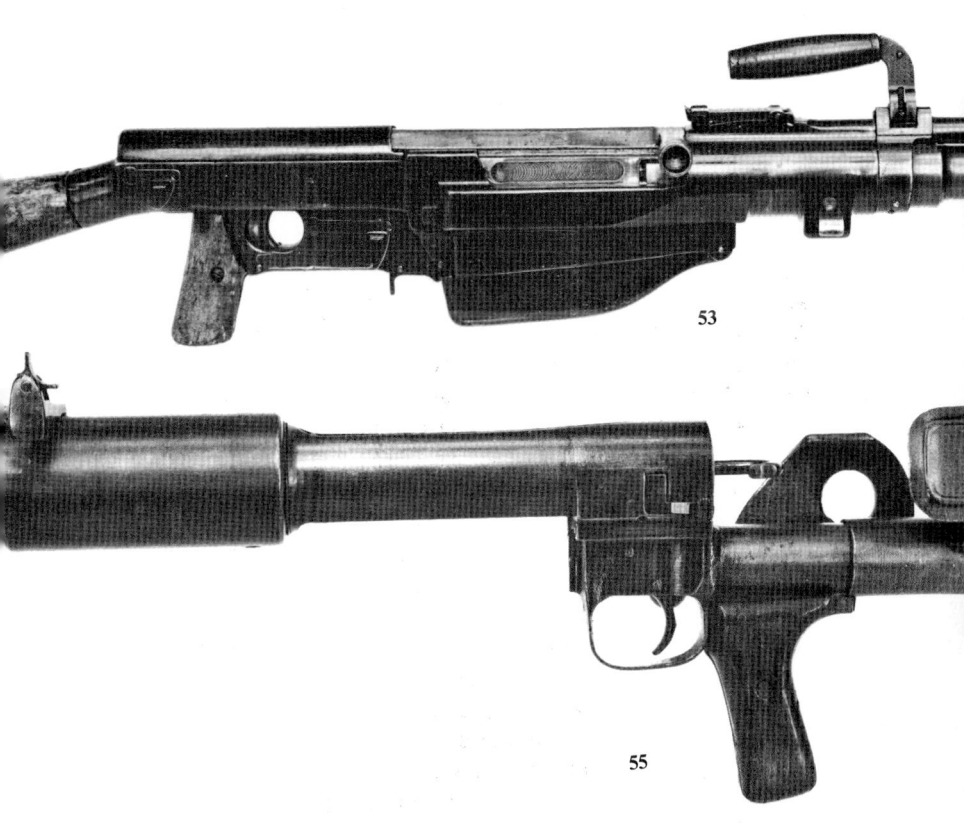

52, 53 14,5 mm Anti-Tank-Gewehr PTRS 1941

Das PTRS war ein Gasdrucklader, der das Verschlußsystem des AVS verwendete. Die Waffe hatte ein Magazin mit fünf Schuß, die asymmetrisch, drei Patronen auf der rechten Seite, lagen. Man mußte das Magazin so drehen, daß die drei Patronen rechts waren, sonst funktionierte die Zuführung nicht. Die Waffe hatte einen Holzschaft, einen hölzernen Pistolengriff und einen sehr langen, auswechselbaren Lauf mit Feuermündungsbremse und Zweibein. Der Gasdruck konnte mit Hilfe eines Druckreglers eingestellt werden; der Sicherungshebel befand sich rechts vor dem Abzug.

54, 55 14,5 mm Anti-Tank-Gewehr PTRD 1941

Die PTRD war eine einschüssige Waffe, die durch zwei Warzen verriegelt wurde. Die leeren Hülsen wurden ausgestoßen, wenn der Verschluß geöffnet wurde. Das Öffnen des Verschlusses besorgte der Rückstoß: der Verschlußhebel brachte eine Platte rechts nach oben, während die beweglichen Teile der Waffe weiter zurückgingen. Die Waffe bestand vollkommen aus Metall, hatte einen Tragegriff, ein Drehbein und eine Feuermündungsbremse. Die Sicherung bestand praktisch im System der Verschlußöffnung.

GRANATWERFER

Bis 1936 waren alle russischen Granatwerfer deutschen oder französischen Ursprungs; sie kamen entweder aus Beständen des ersten Weltkrieges oder aus der Zeit der deutsch-russischen Zusammenarbeit während der Zwanziger Jahre. 1936 brachten die Sowjets ihren ersten eigenen Granatwerfer heraus, den 82 mm-Werfer M 1936. Er war praktisch ein Nachbau des französischen Stokes-Brandt-Werfers, der ja auch vielen anderen Nationen zum Vorbild diente. 1936 begannen die Russen auch mit einem 50 mm-Granatwerfer zu experimentieren, woraus der 50 mm-Granatwerfer M 1938 resultierte, der in geringen Stückzahlen zur Truppe kam. 1937 wurde eine überarbeitete Version des 82 mm-Bataillonswerfers eingeführt, der M 1937 im Kaliber 82 mm. Wie jedoch seine Vorgänger, so erfüllte auch dieser Werfer nicht die in ihn gesetzten Erwartungen. Im folgenden Jahr wurde die Rote Armee mit den ersten der kleineren 50 mm-Werfer ausgerüstet, den M 1938. Sie hatten einen glatten Lauf und eine Zweibein-Lafette. Aber auch hier – genau wie bei einem weiteren Nachfolger, dem M 1939 – war man nicht überzeugt, und beide Typen wurden ausgemustert. Dann kam der 50 mm-Granatwerfer M 1940, der den Anfang einer erfolgreichen Serie bildete. Er hatte eine Zweibein-Lafette und konnte nur in zwei Höhen – 45 und 75 Grad – gerichtet werden. Reichweitenänderungen wurden durch Regulierung des Zündungsgasdruckes erreicht; eine entsprechende Regulierungsdüse befand sich unten am Lauf. Zum großen Teil wurde dieser Werfer durch ein verbessertes und vereinfachtes Modell, dem M 1941 im Kaliber 50 mm, ersetzt. Der M 1941 hatte eine Zweibein-Lafette und Stoßdämpfer; alle anderen Dinge waren so wie bei seinem Vorgänger. Gleichfalls kam im Jahre 1941 der 82 mm-Werfer M 1941 heraus, der zwei kurze Achsen mit abnehmbaren Rädern unten an der Lafette hatte. Eine Last läßt sich nämlich leichter durch das Gelände ziehen als tragen. Außerdem erwies es sich als zu umständlich, die Werfer (M 1936 und M 1937) bei jedem Stellungswechsel auseinander zu nehmen. Durch positive Erprobungen während der Kämpfe 1940 und 1942 ermutigt, kehrten die Russen zu dem System der festangebrachten Räder am Granatwerfer zurück, und das letzte Kriegszeit-Modell M 1943, ein 82 mm-Werfer, hatte leichte Stahlräder auf einer feststehenden Achse. In Feuerstellung standen die Räder infolge der gespreizten Lafette über dem Boden.

Neben diesen Granatwerfern im Kaliber bis zu 82 mm, die noch als Infanterie-Waffen zu klassifizieren sind, hatten die Russen noch größere (107 mm, 120 mm und 160 mm), die speziellen Artillerie-Einheiten unterstellt waren.

Die Russen verfügten außerdem auch über kleine Granatwerfer im Kaliber 37 mm für die Bekämpfung von Nahzielen; sie wurden jedoch wegen der größeren 55 mm-Werfer kaum eingesetzt.

Die Russen waren schon immer gute Artilleristen – Granatwerfer sind im Grunde genommen eine Waffe der Artillerie – und setzten daher ihre Granatwerfer wenn immer möglich ein. Bei Angriffen erfolgte dieser Einsatz sehr häufig in massierter Form und hatte auf den Gegner eine verheerende Wirkung.

56

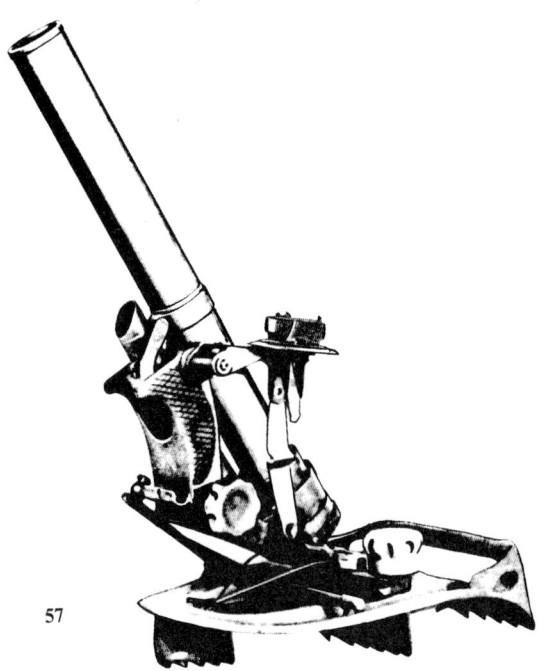

57

50 mm Granatwerfer M 1938 und M 1939

Über diese Waffen ist wenig bekannt. Sie gehörten zu den konventionellen Granatwerfern, deren Reichweite von der Treibladung der Geschosse abhängig ist. Beide Granatwerfer hatten ein Zweibein, nichtgezogene Läufe und kleine, ovale Grundplatten. Beide konnten nur nach feststehenden Quadranten gerichtet werden; die Munition entsprach den bekannten Granaten mit Stabilisierungsflügeln. Diese Granatwerfer wurden länger als jede andere Art von den Russen eingesetzt.

56 50 mm Granatwerfer M 1940

Dieser Granatwerfer war eine Verbesserung der M 1938 und M 1939. Das Rohr ruhte auf einer runden Stahlplatte und hatte ein einfaches Zweibein, auf dem Höhen- und Seitenrichtgerät untergebracht waren. Es war einstellbar auf 45 und 75 Grad; der Neigungsmesser arbeitete auf dem System der Wasserwaage. Die Entfernung richtete sich nach dem Gasdruck.

57 50 mm Granatwerfer M 1941

Dieser Granatwerfer war wohl der bemerkenswerteste der Russen. Er hatte kein Zweibein, und die Bodenplatte war auch anders, als bei den üblichen Modellen. Wie auch die anderen 50 mm-Granatwerfer, so konnte man den M 1941 auch nur nach zwei festeingestellten Quadranten richten, und die Schußentfernung richtete sich nach dem Druck der Treibladung. Der Gasdruck wurde durch ein Einstellrohr, gebildet von Rohr und Verschlußkappe (mit feststehendem Schlagbolzen) geregelt. Über beiden Teilen befand sich eine Muffe, die alles gasdicht abschloß. Durch Drehen an der Muffe konnte der Gasdruck eingestellt werden. Auf den oberen Nivellierungsplatten befanden sich zwei Wasserwaagen.

58

82 mm Granatwerfer M 1936

Über diesen Granatwerfer ist nur sehr wenig bekannt, und er wurde auch nur in begrenzter Zahl ausgeliefert. Man weiß nur, daß er ein konventioneller von der Mündung her zu ladender Granatwerfer war, der durch eine Spindel am Zweibein gerichtet wurde. Er wurde schon nach kurzer Zeit durch den M 1937 ersetzt.

58 82 mm Granatwerfer M 1937

Der M 1937 war eine Verbesserung des M 1936. Er hatte zwei kleine Rückstoßdämpfer, die bei den späteren Werfern 1941 und 1943 durch einen einzigen, längeren ersetzt wurden. Die Bodenplatte bestand aus Preßteilen, die zusammengeschweißt wurden; sie war nicht so einfach wie die der vorangehenden Modelle. Die Reichweite konnte durch Einstellung der Höhe oder durch zusätzlichen Gasdruck (durch verstärkte Ladungen) eingestellt werden.

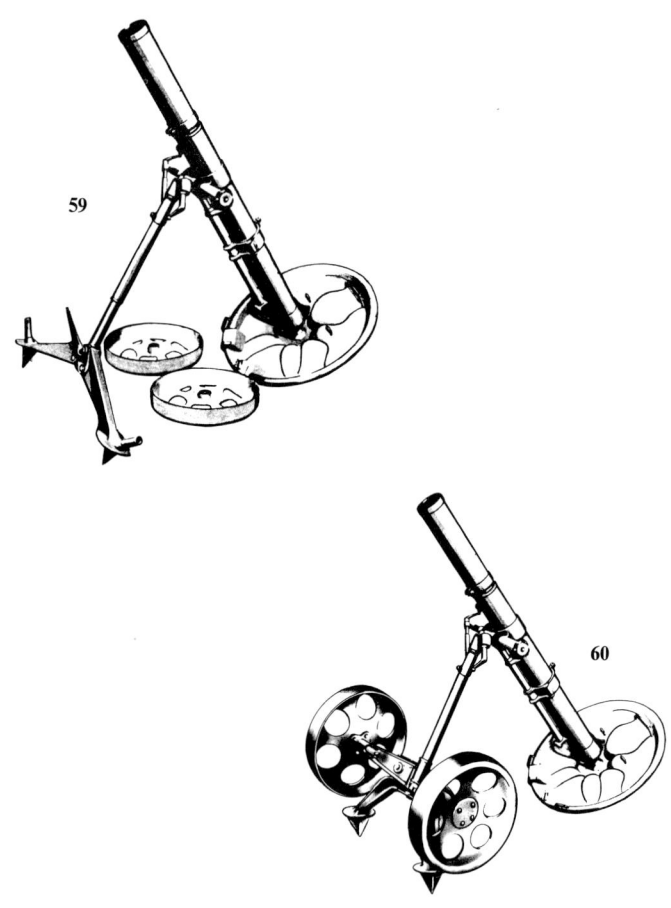

59 82 mm Granatwerfer M 1941
Aus den beiden vorangehenden Werfern entwickelt, hatte der M 1941 eine besondere Lafette, die für den Transport mit zwei Rädern ausgerüstet werden konnte, damit man zum Transport nicht extra das Rohr abzunehmen brauchte. Die tellerförmige Bodenplatte, typisch für sowjetische Granatwerfer, hatte auffallende Seitenrippen an der Unterseite, die angeschweißt waren. Der Werfer wurde mit Treibladungszündern in Patronenform gezündet, die Reichweite hing von dem Grad der Steilheit des Rohres oder der Treibladung (auch zusätzliche Treibladungen) ab.

60 82 mm Granatwerfer M 1943
Dem M 1941 ähnlich, hatte der M 1943 zwei leichte Räder aus Stahlpreßteilen, die an einer Achse oberhalb der Lafette befestigt waren. In Feuerstellung wurden die Räder abgenommen und der Werfer stand auf einem dreibeinähnlichen Gestell.

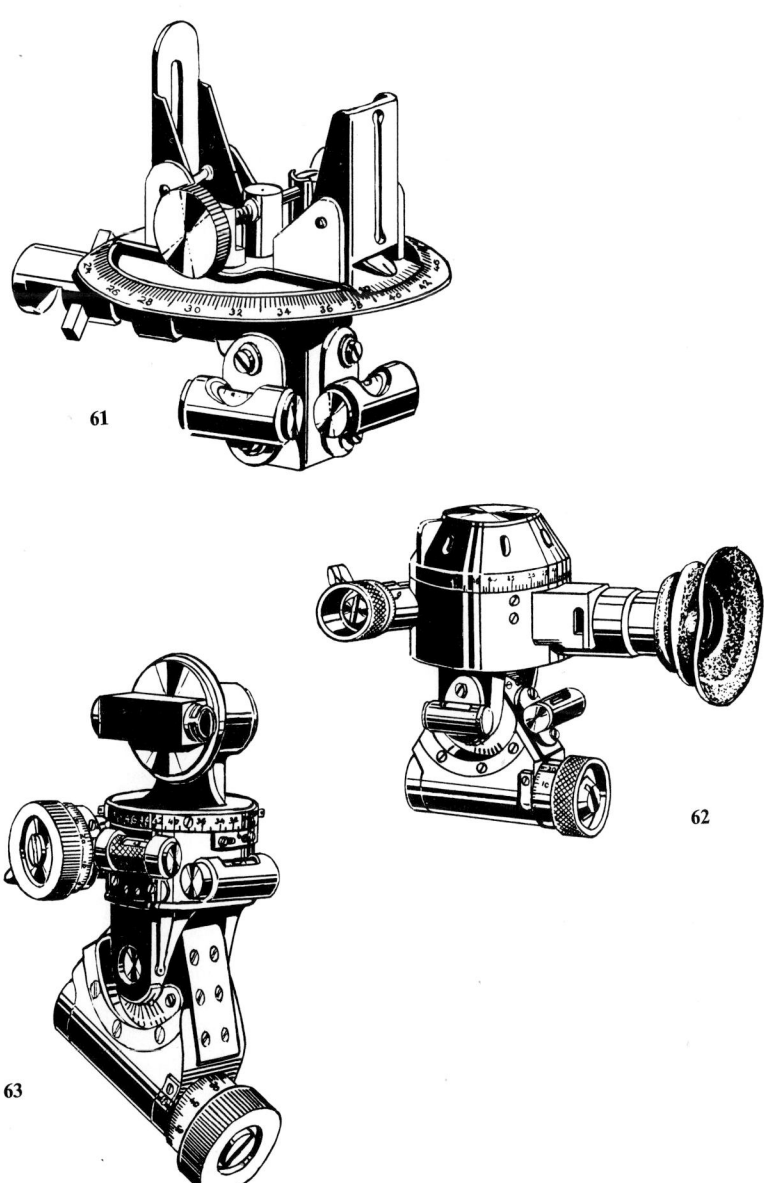

61–63 Richtgeräte für Granatwerfer
61.: offene Visierung bei 50 und 82 mm-Werfern;
62.: optische Visierung der 82 mm-Werfer;
63.: Sichtgerät der Werfer vom Kaliber 82 mm ab.

HANDGRANATEN

Besonders stolz waren die Russen auf ihre Handgranaten, die sie oft als „Taschen-Artillerie" bezeichneten. 1920 war die Rote Armee mit Stielhandgranaten ausgerüstet, von denen etliche noch aus Beständen der Zeit vor dem Ersten Weltkrieg stammten. Eine dieser Handgranaten, die M 1914, wurde von den Sowjets modifiziert und als M 1914/30 gebaut. Im gleichen Jahr kamen auch Mengen der Kleinen Gewehrgranate VGD 1930 heraus; sie wurden mit einem Gewehrgranataufsatz aus den Armee-Gewehren verschossen. 1933 kam eine neue Stielhandgranate RGD 1933 – sie wird Dyanokov zugeschrieben – heraus, durch die die M 1914/30 ersetzt werden sollte. Die RGD 1933 war eine Handgranate, die entsprechend ihres Mantels zum Angriff oder für die Verteidigung verwendet werden konnte. Irgendwann zwischen 1937 und 1939 führten die Russen ihre beste Splitter-Handgranate, die F 1, ein; sie war eine recht wirkungsvolle Waffe mit großer Splitterwirkung.

Mit keiner dieser Handgranaten konnte ein Panzer außer Gefecht gesetzt werden, so daß die russischen Konstrukteure Mitte der dreißiger Jahre nach Anti-Tank-Granaten suchten. Als Erfolg ihrer Bemühungen brachten sie 1940 zwei Typen heraus, die RPG 1940 und die VPGS 1941. Die RPG 1940 hatte Ähnlichkeit mit einem Kartoffelstampfer, wurde von Hand geworfen, hatte jedoch eine sehr unterschiedliche Wirkung und wurde bald zurückgezogen. Die wirkungsvollere VPGS wurde vom Gewehr aus verschossen. Inzwischen waren viele der Herstellerwerke bei dem Angriff und schnellen Vormarsch 1941 den Deutschen in die Hände gefallen und daher wurden die nächsten Handgranaten RG 1941 und RTD 1942 weitgehendst vereinfacht. Beide waren mehr oder weniger zylindrische Behälter, in denen eine Spreng- und Splitterladung untergebracht war. Die letzte russische Handgranate, die im zweiten Weltkrieg eingesetzt wurde, war die RPG 1943, die als Ersatz für die RPG 1940 herauskam. Sie wurde stabilisiert durch einen Steuerteil, der nach dem Wurf an zwei Leinen am Ende eines „Steuerstockes" hing.

Im allgemeinen zeigten die russischen Handgranaten eine beachtliche Wirkung, wenn sie auch nicht immer glücklich und günstig in ihrer äußeren Form waren. Einige, wie die VPGS 1941 und die VGD 1930, waren in der Herstellung relativ teuer und wurden daher auch nur in begrenzter Zahl ausgegeben. Andere waren sehr kompliziert und konnten aus diesem Grunde keine Anerkennung seitens der für die Bewaffnung Verantwortlichen finden.

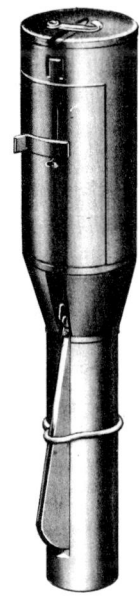

64 Handgranate M 1914/30

Die Handgranate M 1914/30 konnte als Splitterhandgranate oder als Sprenggranate verwendet werden, nachdem die Splitter-Ladung entfernt worden war. Die Handgranate hatte eine Sicherung und eine Schlagzündung im Griff. Die Sicherung wurde durch einen Ring gehalten. Beim Wurf trat der Sicherungshebel heraus, nachdem man den Sicherungsring abgenommen hatte. Die Handgranaten wurden ohne Zünder geliefert; die Zünder (bestehend aus Brennzünder und Sprengkapsel) wurden von oben in die Granate eingeführt.

65 Gewehr-Granate VGD 1930

Die VGD sah aus wie eine Artilleriegranate mit Splittermantel. Ein besonderes Gewehr-Granatgerät, das RM, mußte zum Verschießen der Gewehr-Granate VGd 1930 auf das Gewehr aufgesetzt werden. Die Granate hatte Führungswarzen, die in den Zügen des Gewehrs ruhten und dadurch ein wenig Drall verliehen bekamen. Die Granate wurde durch das normale Infanteriegeschoß auf den Weg gebracht, wobei das Geschoß der Infanterie-Patrone durch die Gewehrgranate hindurch ging; sie hatte eine entsprechende Aushöhlung in ihrer Achse. Die Sprengladung der VGD 1930 war unterschiedlich.

 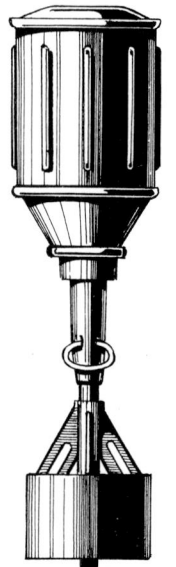 

66 Handgranate M 1933

Die Handgranate von 1933 konnte ihre Vorgängerin nie ganz ersetzen. Wie bei der M 1914/30, so konnte auch hier der Mantel ensprechend des Einsatzes gewählt werden. Der Griff war zylindrisch und wurde in den Sprengkopf hineingeschraubt. Im Griff war der Zündmechanismus untergebracht, dessen Zünder in den Kopfteil der Handgranate hineinragte. Die Handgranate wurde scharfgemacht, indem man den Handgriff nach unten zog und nach rechts drehte. Dadurch wurde die Sicherung nach links bewegt und der Zünder ausgelöst.

67 Ei-Handgranate F 1

Diese Ei-Handgranate war eine Splitter-Handgranate mit der bekannten Ring- und Stiftsicherung. Der Zünder wurde – ähnlich wie bei der RTD 1942 – in den Granatkörper hineingeschraubt. Die Handgranate wurde scharf, wenn der Ring abgenommen und der Zündungsstift frei wurde: der Seitenhebel schnellte heraus und setzte den Zeitzünder in Tätigkeit. Die F 1 hatte eine ausgezeichnete Splitterwirkung, sie flogen 25 Meter weit.

68 Gewehrgranate zur Panzerabwehr VPGS 1941

Diese Granate hatte einen hochexplosiven Kopf und eine lange Stange als Schwanzstück. Beim Schuß rutschten die Führungsstabilisatoren bis an das Ende dieser Stange und wurden dort in einer Rundum-Nut gehalten. Dadurch wirkte die ganze Stange als Führungsstück und sorgte dafür, daß die Granate immer zuerst mit dem Kopfstück aufschlug. Die Granate hatte einen Aufschlagzünder.

69 Anti-Tank-Handgranate RPG 1940

Die RPG bestand aus einem zylindrischen Kopf, in dem die Sprengladung untergebracht war. Der Griff enthielt die Sicherung und den Aufschlagzünder. Wie bei fast allen russischen Handgranaten, so wurde auch hier der Zünder gesondert ausgegeben und von oben in den Sprengkopf eingeschraubt.

70 Handgranate RG 1941

Die RG-Handgranate zeichnete sich vor allen Dingen durch ihr ausgewogenes Verhältnis zwischen Splitter- und Sprengwirkung aus; der Granatkörper, ein zylindrisches Behältnis, enthielt die Sprengladung und drei Reihen Metallsplitter. Im „Deckel" war der Zündmechanismus untergebracht, die Sicherung wurde durch einen Stift gehalten, an dem eine Blechfolie hing. Entfernte man diese Folie, konnte man am Hebel ziehen und die Granate werfen.

71 Handgranate RTD 1942

Das war eine vereinfachte Ausführung der RG 1941, die eine TNT-Ladung und außerdem noch Splitter enthielt. Der Zünder war der gleiche wie der F 1; zog man den Ring ab, sprang der Sicherungsstift heraus und die Handgranate war scharf. Die Zündereinrichtung mußte vorher eingesetzt werden; sie war durch einen Holzpflock und durch eine Metallkappe geschützt.

72 Anti-Tank-Handgranate RPG 1943

Die RPG 1943 sollte die RPG 1942 ersetzen, die keine große Durchschlagskraft hatte. Ihr zylindrischer Kopf hatte ein sich zum Griff hin verjüngendes Stück, der Griff war aus Holz und enthielt die Sicherung. Wenn die Handgranate geworfen wurde, fiel der verjüngte Teil ab, blieb an zwei Bändern hängen, stabilisierte den Flug und sorgte dafür, daß der Aufschlagzünder zünden konnte.

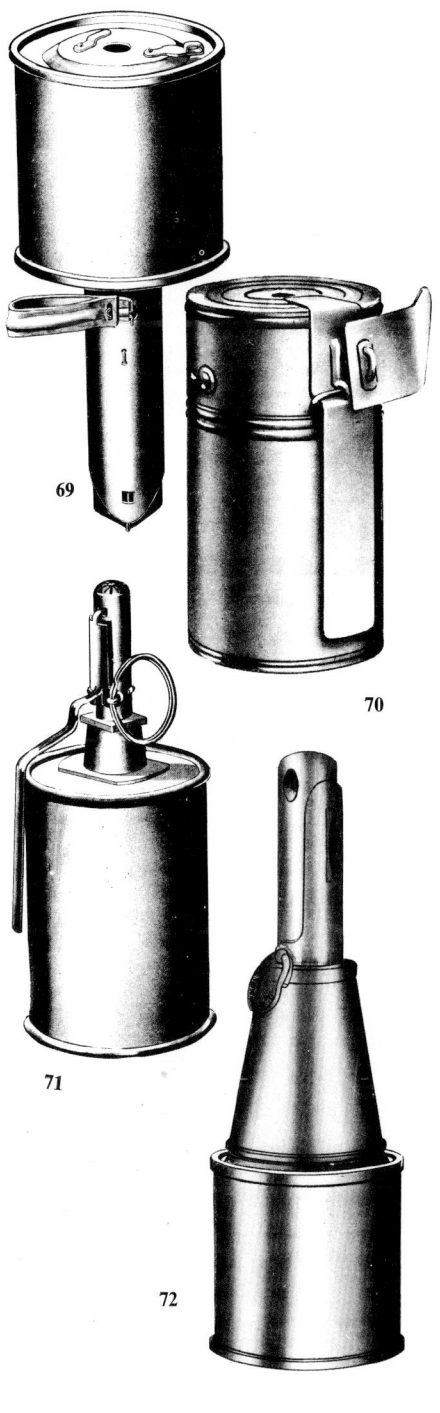

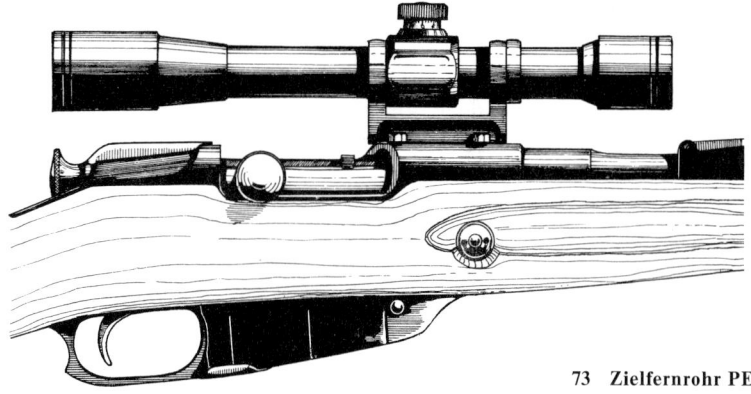

73 Zielfernrohr PE

Zielfernrohre

Die Sowjets verwendeten während des Zweiten Weltkrieges hauptsächlich zwei Zielfernrohre: das PE und das PU. Das PU war das kleinere und mehr verbreiteste; aber auf Grund eines Mangels der noch später beschrieben wird, wurde es zugunsten des größeren PE gegen Ende des Krieges ausgesondert. Wegen der Kürze des kleineren Zielfernrohres PU und der Tatsache, daß es oben auf der Verschlußbrücke saß, mußte sich der Schütze den Hals ausrenken, wenn er ein neues Ziel aufnehmen mußte. Die russischen Scharfschützen bevorzugten das schwerere PE, das außerdem ein größeres Gesichtsfeld hatte. Beide Zielfernrohre konnten nach Seite und Höhe eingestellt werden. Das PE ging bis 1400 Meter, das PU bis 1300 Meter. Die Fernrohre hatten ein „Zielstachel-Absehen".

Die Montagen für diese Zielfernrohre, die hauptsächlich auf dem Moisin-Nagant M 1891/30 Verwendung fanden, waren unterschiedlicher Art. Entweder bestanden sie aus einer Zwei-Ring-Montage oder aus einer Einstück-Montage, die von links in eine Schwalbenschwanz-Aussparung geschoben wurde. Eine besondere Montage wurde für die Gewehre SVT 1938 und SVT 1940 entwickelt, bei der das Zielfernrohr hinten über dem Verschluß stand und in Schwalbenschwanz-Aussparungen auf der Verschlußbrücke untergebracht war. Bei diesem System konnte nur das kleinere PU Verwendung finden.

74 Zielfernrohr PU

MUNITION

Im allgemeinen war die russische Munition schlechter als die der anderen Militärstaaten; diese Feststellung gilt besonders für die Patronen der Fertigung vor 1930.

Die Patronen wurden in sieben Gruppen unterteilt:
- a) 7,62 mm Nagant-Revolver-Patronen
- b) 7,62 mm Tokarev-Patronen für Pistolen und Maschinenpistolen
- c) 7,62 mm Moisin-Nagant-Gewehrpatronen, die auch bei Maschinengewehren verwendet wurden.
- d) 7,62 mm ShKAS-Maschinengewehrmunition
- e) 12,7 mm Munition für schwere Maschinengewehre
- f) 12,7 mm ShVAK-Munition für schwere Maschinengewehre
- g) 14,5 mm Patronen zur Panzerbekämpfung

Die Patronen für den Nagant-Revolver waren Patronen mit Rand, und die, die auslaufend unter dem Sowjet-Regime gefertigt wurden, bestanden manchmal aus Stahlhülsen, die mit einem glänzenden Metall überzogen wurden. Das vollkommen in der Hülse liegende Geschoß bestand aus einem Bleikern mit Stahlmantel. Als Treibladung wurde rauchloses Blättchenpulver verwendet, wenn auch die vor 1922 gefertigten Patronen noch Schwarzpulver enthielten: die russische Nitro-Pulver-Herstellung wurde 1922 aufgenommen.

Die Patrone für die Pistole TT 1930 lehnte sich eng an die 7,63 mm-Mauser an, und man kann auch beide aus ein und derselben Waffe verschießen. Für die Patronen sind verschiedene Ladungen bekannt geworden, ferner ein Leuchtspur-Geschoß, das die Bezeichnung P 41 trug. Außerdem wurden Patronen dieses Kalibers zum Testen von Stahlhelmen verwendet; man erkennt sie an ihrem hellbraunen Rundkopf-Geschoß. Die Hülsen hatten keinen Rand und waren flaschenförmig; sie waren aus Messing oder Stahl.

Die 7,62 mm-Gewehrmunition – ursprünglich für das Moisin-Nagant gedacht; aber dann auch bei den DP-, DPM- und SG-Maschinengewehren verwendet – gab es in einer verwirrenden Zahl unterschiedlicher Ausführungen, einschließlich leichter (Art L oder M 1908) und schwerer (Art D oder M 1930) Geschosse, panzerbrechend (zwei Versionen, von denen die eine bis heute noch nicht identifiziert wurde, die andere Art B 30 oder M 1930, eine panzerbrechende Patrone mit Zündsatz (Art BS 40 oder M 1940), panzerbrechend als Leuchtspur, panzerbrechend mit Zündsatz und Leuchtspur (BZT), hochexplosiv mit Zündsatz (ZP) und dazu natürlich noch eine ganze Reihe von Speziallaborierungen, wie Granatbecher-Treibpatronen, Platzpatronen und Patronen mit reduzierter Treibladung. Alle Patronen hatten flachschenförmige Hülsen mit Rand, die 54 mm lang waren und daher allgemein als „7,62 x 54 R Moisin-Nagant" bekannt wurden. Die Patronen wurden zu Friedenszeiten aus Messing hergestellt; aber während des „Großen Vaterländischen Krieges" ging man auf Stahlpatronen über, die mit einem glänzenden Metall überzogen oder kupferplattiert waren.

Das Maschinengewehr ShKAS verschoß eine äußerlich gleiche Patrone; aber eine stärkere Treibladung war erforderlich, um den Verschließ-Mechanismus dieses MGs in Tätigkeit zu setzen. Auf Grund dieser Ladung darf die ShKAS-Munition auch nicht aus Gewehren oder anderen Maschinengewehren verschossen werden – es besteht die Gefahr, daß die Verschlüsse dem erhöhten Druck nicht standhalten. Man erkennt die ShKAS-Patronen an dem kyrillischen Zeichen III auf dem Bodenstempel.

Von der 12,7 mm-Munition wurden zwei verschiedene Arten hergestellt. Die eine war eine Version mit Rand für die nicht erfolgreiche Fla-Waffe ShVAK und verschwand sehr schnell in der Versenkung, die andere hatte keinen Rand. Sie wurde hauptsächlich für das DShK 1938 und die Beresin-Maschinengewehre gefertigt. Es gab sie u. a. mit hochexplosivem Zündsatz, panzerbrechend und panzerbrechend mit Zündsatz.

Die beiden Anti-Tank-Gewehre PTRS 1941 und PTRD 1941 verschossen randlose 14,5 mm-Patronen mit flaschenförmiger Hülse. Ende des Krieges begann in Rußland die Entwicklung einer 7,62 mm-Einheitspatrone, zu der Deutschland den Anstoß gegeben hatte. Für diese Patrone gab es allerdings vor 1945 keine Waffe.

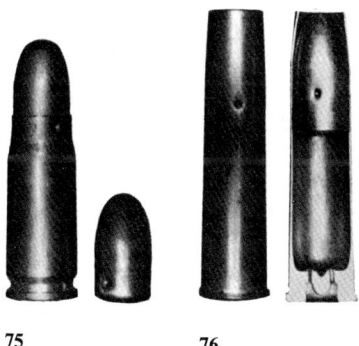

75 76

77 78 79 80

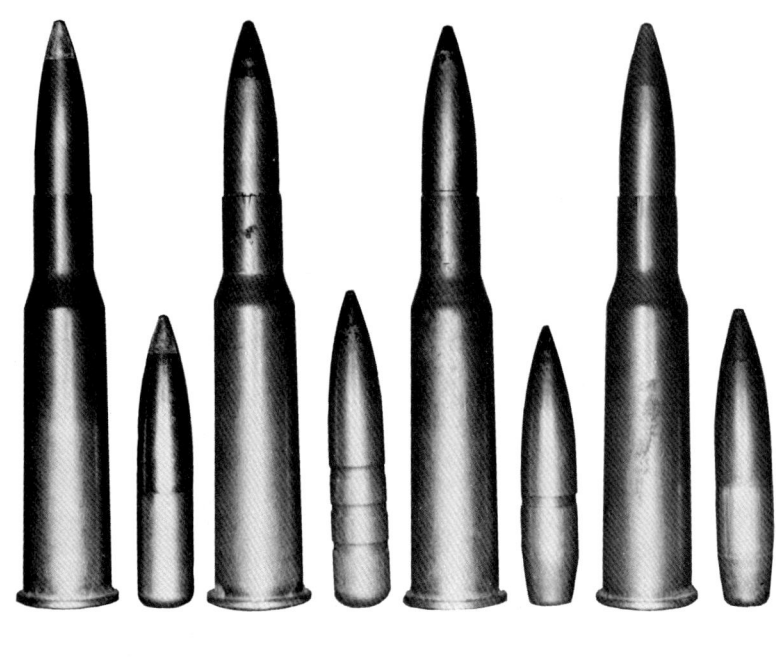

81   82   83   84

75 7,62 mm Patrone und Geschoß für Pistole und Maschinenpistole. **76** Patrone für den 7,62 mm Nagant-Revolver M 1895; danebenstehend nach abgenommener Hülse Geschoß, Behälter für die Treibladung mit Zündhütchen. **77** 7,62 mm-Patrone Art L (M 1908) mit „leichtem" Geschoß. **78** 7,62 mm-Patrone Art D (M 1930) mit „schwerem" Geschoß; Geschoßspitze gelb. **79** 7,62 mm-Patrone, panzerbrechend aus der Zeit des ersten Weltkrieges; Geschoß mit Kupferspitze. **80** 7,62 mm-Patrone Art B 30 (M 1930) panzerbrechend; Geschoßspitze schwarz. **81** 7,62 mm-Patrone Art T, Leuchtspur; Geschoßspitze grün. **82** 7,62 mm-Patrone Art BZT, panzerbrechend mit Zündsatz; Geschoßspitze malvenfarben, darunter ein rotes Band. **83** 7,62 mm-Patrone Art B 32 (M 1932), panzerbrechend mit Zündsatz; Geschoßspitze schwarz, darunter ein rotes Band. **84** 7,62 mm-Patrone Art ZP, hochexplosiv mit Zündsatz; Geschoßspitze rot. **85** 12,7 mm-Patrone Art B 32 (M 1932), panzerbrechend mit Zündsatz; Geschoßspitze schwarz, darunter ein rotes Band. Das Geschoß rechts außen ist Art BZT, panzerbrechend mit Zündsatz und Leuchtspur; Geschoßspitze malvenfarben, darunter rotes Band. **86** 14,5 mm-Patrone Art B 32 (M 1932), panzerbrechend mit Zündsatz; Geschoßspitze schwarz, darunter rotes Band.

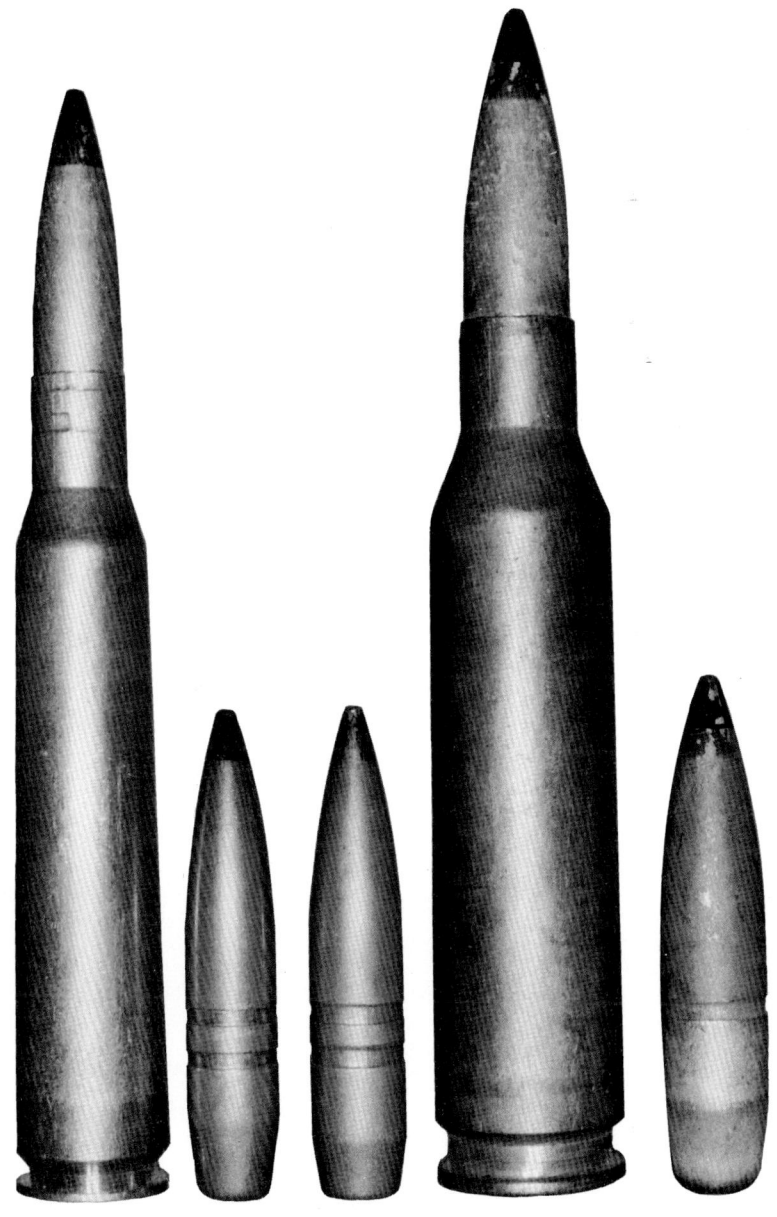

85   86

TABELLE DER MUNITION

Patrone	Gewicht g	Länge mm	Geschoß Gewicht g	Geschoß Länge mm	Treibladung Art	Treibladung Gewicht	Hülsen- länge mm	Bemerkungen
Revolver M 1895								
7,62 mm Geschoß R	13,13	38,7[1)]	6,89	16,5	NC Blättchen	–	38,7	
Pistolen und Maschinenpistolen								
7,62 mm Geschoß P	10,86	34,6	5,53	14,3	NC Blättchen	0,65	24,8	Geschoßspitze grün
7,62 mm Leuchtspur	10,4*[7)]	34,6	5,53*)	–	NC Blättchen	0,65*)	24,8	Geschoßspitze schwarz, darunter rotes Band
7,62 mm API P-41	10,01	34,7	4,8	–	NC Blättchen	0,65*)	24,8	Beschoßspitze braun (Rundgeschoß)
7,62 mm Helmbeschuß	10,4*)	34,0*)	5,53*)	14,0*)	NC Blättchen	0,65*)	24,8	
Gewehre und Maschinengewehre[4) 5)]								
7,62 mm-Geschoß M 1891	22,8	150	9,8	30,0*	Schwarzpulver[3)]	–	53,6	
7,62 mm-Geschoß L (M 1908)	22,8	76,9	9,6	29,0	NC St	3,25	53,6	
7,62 mm-Geschoß D (M 1930)	24,7	76,9	11,8	33,3	NC St	3,0	53,6	Geschoßspitze gelb
7,62 mm-Geschoß								
Leuchtspur T (M 1930)	22,6	76,7	9,6	37,6	NC St	2,83	53,6	Geschoßspitze grün
7,62 mm AP (vor 1930)	23,7	76,9	10,9	35,0	NC St	2,83	53,6	Geschoß mit Kupfermantel
7,62 mm AP B-30 (M 1930)	24,4	76,9	11,1	36,5	NC St	3,12	53,6	Geschoßspitze schwarz
7,62 mm API B-32 (M 1932)	24,1	76,8	10,08	37,0	NC St	3,25	53,6	Geschoßspitze schwarz; darunter rotes Band
7,62 mm API; BS-40 (M 1940)	25,0	76,7	12,2	30,6	NC St	3,19	53,6	Geschoß und Hülsenmund rot; Geschoßspitze schwarz; Hülsenstab schwarz
7,62 mm APT BT	23,2	77,0	10,3	40,1	NC St	3,19	53,6	Geschoßspitze purpur
7,62 mm-APTI BZT	23,4	76,8	9,2	40,6	NC St	3,19	53,6	Geschoßspitze purpur; darunter rotes Band
7,62 mm HEI ZP	24,4	76,8	10,1	38,9	NC St	2,86	53,6	Geschoßspitze rot; rotes Zündhütchen
7,62 mm langsame Ladung	19,6	76,7	9,7	33,3	NC St	0,49	53,6	Geschoßspitze, Hülsenmund und Hülsenstab grün
7,62 mm Gefechtsladung	15,1	60*)	4,5	–	NC St	0,81	53,6	Geschoßspitze grün; Zündhütchen grün (nach 1941)
7,62 mm Platzpatrone	11,4	53,6	–	–	NC St	1,51	53,6	Kein Geschoß; Hülsenmund umbördelt
Schwere Maschinengewehre[6]								
12,7 mm AP B30 (M 1930)	140,1	146,9	52,0	63,5	NC R	17,88	107,1	Geschoßspitze schwarz
12,7 mm API B32 (M 1932)	133,8	146,4	46,5	63,5	NC R	16,58	107,1	Geschoßspitze schwarz; darunter rotes Band
12,7 mm APIT BZT	133,2	146,9	43,9	63,5	NC R	17,23	107,1	Geschoßspitze purpur; darunter rotes Band
12,7 mm API BZ	135,7	146,7	48,2	64,2	NC R	15,1	107,1	Geschoßspitze schwarz; darunter gelbes Band
12,7 mm HEI ZP	126,4	146,4	44,5	65,9	NC R	16,6	107,1	Messing – Zünder vorn
Anti-Tank-Gewehre								
14,5 mm API B32 (M 1932)	235,2	155,2	63,7	66,5	NC R	30,5	131,8	Geschoßspitze schwarz; darunter rotes Band
14,5 mm API B5 41 (M 1941)	237,6	155,2	63,9	49,2	NC R	31,5	131,8	Geschoß mit rotem Lack überzogen; Geschoßspitze schwarz; Zündhütchen schwarz

– = keine Angaben vorhanden; *= ungefähre Werte; NC St = Nitro-Stäbchenpulver; NC R = Nitro-Röhrchenpulver; 1) = Geschoß sitzt vollständig in der Hülse; 2) = vor 1925 Schwarzpulver; 3) einige Patronen waren auch mit Nitro-Pulver geladen; 4) = hiervon gibt es viele Platzpatronen; 5) = die Patronen, die einen III - Bodenstempel tragen, sind ausschließlich für das ShKAS-Maschinengewehr bestimmt; 6) = es gab auch eine 7,62 mm-Patrone mit Rand, die für das ShVAK zur Fliegerabwehr bestimmt war; sie wurde jedoch nur in begrenzter Zahl verwendet.

TABELLARISCHE ÜBERSICHT

In Tabellen der nachfolgenden Seiten sind die wichtigen Handfeuerwaffen des Zaren-Reiches und der Sowjetunion, die in diesem Buch behandelt wurden, tabellarisch aufgeführt. Ein technischer Teil wurde nicht mithineingenommen – Angaben über Züge und Drall. Sie waren für alle Waffen im Kaliber 7,62 mm gleich: vier Züge, Rechtsdrall mit einer Drehung über 23,9 cm. Trotz der Unterschiede in Form, Größe und der ballistischen Daten der verschiedenen 7,62 mm-Patronen bzw. ihrer Geschosse gab es nur wenige Klagen. Die schwereren Waffen im Kaliber 12,7 mm (DShK 1938) und 14,5 mm (PTRS 1941 und PTRD 1941) hatten acht Züge und Rechtsdrall.

Ein – bedeutet, daß keine Daten zu ermitteln bzw. die betreffenden Teile nicht vorhanden waren; weitere Erläuterungen geben die Fußnoten der einzelnen Tabellen.

TABELLE 1: PISTOLEN UND REVOLVER / ANTI-TANK-GEWEHRE

Waffe	M 1895	TT 1930, TT 1932	TK	PTRS 1941	PTRD 1941
Konstrukteur	L. Nagant / E. Nagant	F. V. Tokarev	? Korovin	S. G. Simonov	V. A. Degtyarev
gefertigt	1895–1914 (belg.) ca. 1900–1944 (russ.)	1930–1950	ca. 1930–1935	ca. 1941–1944	ca. 1941–1943
System	Nagant	verbessertes Browningsystem	–	Simonov	–
Bedienung	von Hand	Rückstoßlader	Rückstoßlader	Gasdrucklader	von Hand
Verschlußsystem	Arretierung der Trommel	Laufwarzen rasten in Schlitten ein	–	rücklaufender Blockverschluß	Verriegelung durch zwei Warzen am Verschlußkopf
Zuführung	Trommel	Stangenmagazin	Stangenmagazin	Magazin	Einzellader
Zahl der Patronen	7	8	7	–	–
Kaliber	7,62 mm	7,62 mm	6,35 mm	14,5 mm	14,5 mm
Länge über alles	230 mm	195 mm	127 mm	2129 mm	2009 mm
Lauflänge	110 mm	116 mm	64 mm	1227 mm	1227 mm
Gewicht in kg	0,45[1]	0,91[2]	0,46[2]	20,8	17,3
Visierung	Blattkorn, feststehende U-Kimme	Blattkorn, feststehende U-Kimme	Blattkorn, feststehende U-Kimme	Kornstachel mit Kornschutz, Klappenvisier von 100 bis 1500 m	Blattkorn, Kimme auf Entfernungen vor oder nach 600 m einstellbar
Feuerart	single oder double action	selbstladend	selbstladend	selbstladend	einschüssig
Mündungsgeschwindigkeit	272 m/s	542 m/s	250 m/s	1012 m/s	1012 m/s
Kadenz	14 Sch/min[3]	224 Sch/min[3]	21 Sch/min[3]	15 Sch/min	8 Sch/min
Reichweite	50 m	50 m	20 m	800 m (bei Bunkerbekämpfung)	800 m (bei Bunkerbekämpfung)

Anmerkungen: [1] = ungeladen
[2] = geladen
[3] = in der Annahme, daß das Magazin von Hand zu laden ist

TABELLE 2: GEWEHRE

Waffe	M 1891	M 1891 Dragoner-Gewehr	M 1910 Karabiner	M 1891/30
Konstrukteur	S. I. Moisin L. Nagant E. Nagant	S. I. Moisin L. Nagant E. Nagant	S. I. Moisin L. Nagant E. Nagant	S. I. Moisin L. Nagant E. Nagant
gefertigt	1891–1930[1]	1900 (?)–1930[1]	1910–1917[1]	1930–1940 (?)
System	Moisin-Nagant	Moisin-Nagant	Moisin-Nagant	Moisin-Nagant
Bedienung	von Hand	von Hand	von Hand	von Hand
Verschlußsystem	Verschlußwarzen auf Verschlußkopf	Verschlußwarzen auf Verschlußkopf	Verschlußwarzen auf Verschlußkopf	Verschlußwarzen auf Verschlußkopf
Zuführung	integriertes Magazin	integriertes Magazin	integriertes Magazin	integriertes Magazin
Zahl der Patronen	5	5	5	5
Kaliber	7,62 mm	7,62 mm	7,62 mm	7,62 mm
Länge über alles	1306 mm	1240 mm	1019 mm	1232 mm
Lauflänge	801 mm	732 mm	508 mm	728 mm
Gewicht in kg	4,4	4,0	3,4	3,9
Visierung	offenes Korn, Schiebevisier bis 2700 Arschin	offenes Korn, Schiebevisier bis 2700 Arschin	offenes Korn, Schiebevisier bis 2000 Arschin	Korn mit Kornschutz, Schiebevisier von 100 bis 2000 m
Feuerart	Repetierer	Repetierer	Repetierer	Repetierer
Mündungsgeschwindigkeit	867 m/s	856 m/s	808 m/s	853 m/s
Kadenz	10 Sch/min	10 Sch/min	10 Sch/min	10 Sch/min
Reichweite	500 m	500 m	400 m	500 m

[1] einige wurden aus verschiedenen Einzelteilen nach der Revolution zusammengebaut und stammen aus der Zeit 1918–1922

GEWEHRE (Fortsetzung)

Waffe	M 1938 Karabiner	M 1944 Karabiner	AVS 1936	SVT 1938	SVT 1940
Konstrukteur	S. I. Moisin L. Nagant E. Nagant	S. I. Moisin L. Nagant E. Nagant	S. G. Simonov	F. V. Tokarev	F. V. Tokarev
gefertigt	1938–1943	1944–1947 (?)	1936–1937	1938–1940	1940–1944
System	Moisin-Nagant	Moisin-Nagant	Simonov	Tokarev	Tokarev
Bedienung	von Hand	von Hand	Gasdrucklader	Gasdrucklader	Gasdrucklader
Verschlußsystem	Verschlußwarzen auf Verschlußkopf	Verschlußwarzen auf Verschlußkopf	rücklaufender Blockverschluß	Zapfen hinten am Verschluß	Zapfen hinten am Verschluß
Zuführung	integriertes Magazin	integriertes Magazin	Magazin	Magazin	Magazin
Zahl der Patronen	5	5	15	10	10
Kaliber	7,62 mm	7,62 mm	7,62 mm	7,62 mm	7,62 mm
Länge über alles	1019 mm	1021 mm	1234 mm	1222 mm	1222 mm
Lauflänge	508 mm	516 mm	615 mm	635 mm	225 mm
Gewicht in kg	3,4	3,7	4,04	3,95	3,90
Visierung	Korn mit Kornschutz, Schiebevisier von 100 bis 1000 m	Korn mit Kornschutz, Schiebevisier von 100 bis 1000 m	offenes Korn, Schiebevisier von 100 bis 1500 m	Korn mit Kornschutz, Schiebevisier von 100 bis 1000 m	Korn mit Kornschutz, Schiebevisier von 100 bis 1500 m
Feuerart	Repetierer	Repetierer	wahlweise	selbstladend	selbstladend
Mündungsgeschwindigkeit	808 m/s	808 m/s	828 m/s	831 m/s	829 m/s
Kadenz	10 Sch/min	10 Sch/min	80 Sch/min[1]	30 Sch/min	30 Sch/min
Reichweite	400 m	400 m	500 m	500 m	500 m

[1] bei automatischem Feuer

TABELLE 3: MASCHINENPISTOLEN

Waffe	PPD 1934/38	PPD 1940	PPSh 1941	PPS 1943
Konstrukteur	V. A. Degtyarev	V. A. Degtyarev	G. S. Shpagin	A. I. Sudarev
gefertigt	1938–1940	1940–1941	1941–1946 (?)	1943–1947 (?)
System	Bergmann	Bergmann	Bergmann	Bergmann
Bedienung	Rückstoßlader	Rückstoßlader	Rückstoßlader	Rückstoßlader
Verschlußsystem	–	–	–	–
Zuführung	a) Trommelmagazin b) Stangenmagazin	Trommelmagazin	a) Trommelmagazin b) Stangenmagazin	Stangenmagazin
Zahl der Patronen	a) 71, b) 25	71	a) 71, b) 35	35
Kaliber	7,62 mm	7,62 mm	7,62 mm	7,62 mm
Länge über alles	–	777 mm	843 mm	908 mm
Lauflänge	269 mm	269 mm	269 mm	254 mm
Gewicht ohne Magazin	3,5 kg	3,7 kg	3,5 kg	3,4 kg
Gewicht mit vollem Magazin	5,2 kg	5,3 kg	5,4 kg	3,9 kg
Visierung	Blattkorn, Schiebevisier von 0 bis 500 m	Blattkorn, Schiebevisier von 0 bis 500 m	Blattkorn, Schiebevisier von 0 bis 50 m oder Winkelkimme für 100 oder 200 m	Blattkorn, Winkelkimme für 100 oder 200 m
Feuerart	wahlweise	wahlweise	wahlweise	Dauerfeuer
Mündungsgeschwindigkeit	500 m/s	500 m/s	500 m/s	489 m/s
Kadenz	800 ± 50 Sch/min	800 ± 50 Sch/min	950 ± 50 Sch/min	600 ± 40 Sch/min
Reichweite	200 m	200 m	200 m	200 m

TABELLE 4: MASCHINENGEWEHRE

Waffe	DP 1928	DT 1929	DPM 1944	DTM 1944
Konstrukteur	V. A. Degtyarev	V. A. Degtyarev	V. A. Degtyarev	V. A. Degtyarev
gefertigt	1928–1944[1]	1929–1944[1]	1944–1947 (?)	1944–1947 (?)
System	verbessertes Kjellman-Friberg	verbessertes Kjellman-Friberg	verbessertes Kjellman-Friberg	verbessertes Kjellman-Friberg
Bedienung	Gasdrucklader	Gasdrucklader	Gasdrucklader	Gasdrucklader
Verschlußsystem	rücklaufender Verschluß	rücklaufender Verschluß	rücklaufender Verschluß	rücklaufender Verschluß
Zuführung	Trommelmagazin	Trommelmagazin	Trommelmagazin	Trommelmagazin
Zahl der Patronen	47[2]	60	47	60
Kaliber	7,62 mm	7,62 mm	7,62 mm	7,62 mm
Länge über alles	1265 mm	1181[3]	1265 mm	1181 mm[3]
Lauflänge	605 mm	597 mm	605 mm	597 mm
Gewicht	11,9 kg	12,6 kg	12,2 kg	12,9 kg
Gewicht der Lafette	–	–	–	–
Visierung	Korn mit Kornschutz, Schiebevisier von 100 bis 1500 m	Korn mit Kornschutz, feststehendes oder Schiebevisier	Korn mit Kornschutz, Schiebevisier von 100 bis 1500 m	Korn mit Kornschutz, Schiebevisier oder feststehendes Visier
Feuerart	Dauerfeuer	Dauerfeuer	Dauerfeuer	Dauerfeuer
Mündungsgeschwindigkeit	844 m/s	839 m/s	844 m/s	839 m/s
Kadenz	550 ± 30 Sch/min	600 Sch/min	550 ± 30 Sch/min	600 Sch/min
Längster Feuerstoß	80 Sch	125 Sch	80 Sch	125 Sch
Reichweite	800 m	800 m	800 m	800 m

[1] wurde in größeren Stückzahlen erst nach 1935 gefertigt
[2] das Magazin enthielt eigentlich 49 Schuß, jedoch wurde die Magazinkapazität wegen Zuführungsschwierigkeiten reduziert
[3] mit Schaft

MASCHINENGEWEHRE–Fortsetzung

Waffe	DS 1939	SG 1943	PM 1910	DShK 1938
Konstrukteur	V. A. Degtyarev	P. M. Goryunov, M. M. Goryunov, I. Voronkov	H. S. Maxim (des Originalgewehres)	V. A. Degtyarev, G. S. Shpagin
gefertigt	1939–1942	1943–1948 (?)	1910–1945	1938–1946
System	verbessertes Kjellman-Friberg	Goryunov	Maxim	verbessertes Kjellman-Friberg
Bedienung	Gasdrucklader	Gasdrucklader	Rückstoßlader	Gasdrucklader
Verschlußsystem	rücklaufender Verschluß	rücklaufender Verschluß	Kniegelenkverschluß	rücklaufender Verschluß
Zuführung	Metallgurt	Metallgurt	Gurt	Metallgurt
Zahl der Patronen	50	50	250	50
Kaliber	7,62 mm	7,62	7,62 mm	12,7 mm
Länge über alles	1171 mm	1120 mm	1107 mm	1602 mm
Lauflänge	721 mm	719 mm	721 mm	1002 mm
Gewicht	12,0 kg	13,8 kg	23,8 kg	33,3 kg
Gewicht der Lafette	–	26,9 kg	45,2 kg[5]	142,1 kg
Visierung	Korn mit Kornschutz, Schiebevisier von 0 bis 2400 m	Korn mit Kornschutz oder Blattkorn, Schiebevisier von 0 bis 2300 m	Blattkorn, Kimme unterschiedlich, siehe Seite ...	Blattkorn mit Kornschutz, Schiebevisier von 200 bis 3500 m
Feuerart	Dauerfeuer	Dauerfeuer	Dauerfeuer	Dauerfeuer
Mündungsgeschwindigkeit	863 m/s	863 m/s	863 m/s	843 m/s
Kadenz	550 ± 30 Sch/min 1100 ± 80 Sch/min	580 ± 80 Sch/min	550 ± 30 Sch/min	580 ± 30 Sch/min
längster Feuerstoß	100–200 Sch	125 Sch	125 Sch	125 Sch
Reichweite	800 m	800 m	800 m	1500 m

[4] Die Gurte können zu einem Gurt mit einem Fassungsvermögen von 250 Schuß zusammengefaßt werden. Die Normalausführung hat keinen Zerfallgurt; aber er kann verwendet werden.
[5] das Gewicht hängt von der gerade verwendeten Lafette ab

TABELLE 5: GRANATWERFER

Waffe	50 mm-Werfer 1938	50 mm-Werfer 1940	50 mm-Werfer 1941	82 mm-Werfer 1941
Kaliber	50 mm	50 mm	50 mm	82 mm
Gewicht (Transportgew.)	15,4 kg	11,5 kg	12,0 kg	50,3 kg[3]
Gewicht (feuerbereit)	12,1 kg	9,7 kg	10,0 kg	45,0 kg
Gewicht (Rohr)	3,8 kg	3,7 kg	4,1 kg	19,5 kg[4]
Gewicht (Bodenplatte)	5,8 kg	2,5 kg	5,9 kg	19,0 kg[4]
Gewicht (Räder)	–	–	–	20,5 kg
Rohrlänge	553 mm	533 mm	559 mm[5]	1219 mm
Durchmesser der Bodenplatte	178 x 267 mm[1]	254 mm	262 x 432[2] mm	584 mm
Zündung	Treibladung	Treibladung	Treibladung	Treibladung
Mündungsgeschwindigkeit	96 m/s	96 m/s	96 m/s	211 m/s
Höhenrichtwert	30 und 60 Grad	45 und 75 Grad	45 und 75 Grad	45 bis 85 Grad
Seitenrichtwert (ohne Veränderung des Zweibeins)	6 Grad	9 Grad bei Höhe 45 Grad 16 Grad bei Höhe 75 Grad	9 Grad bei Höhe 45 Grad 16 Grad bei Höhe 75 Grad	6 Grad
Reichweite, maximalste	700 m	800 m	800 m	3000 m
Reichweite minimalste	70 m	60 M	100 m	70 m
höchste Kadenz	30 Sch/min	30 Sch/min	30 Sch/min	25 Sch/min

[1] ovales Bodenstück
[2] rechteckiges Bodenstück
[3] gezogen
[4] getragen
[5] Höchstreichweite

TABELLE 6: HAND- UND GEWEHRGRANATEN

Waffe	M 1914/30	RGD 1933	F 1	RG 1941	RTD 1942
Einsatz	von Hand geworfen; Stielhandgranate, Splitter und Sprenggranate	von Hand geworfen; Stielhandgranate, Splitter- und Sprenggranate	von Hand geworfen; Splittergranate	von Hand geworfen; Splittergranate	von Hand geworfen; Splittergranate[2]
Länge über alles	236 mm	191 mm	102 mm	–	117 mm
Kopfdurchmesser	46 mm	56 mm	64 mm	–	56 mm
Gewicht	595 g	510 g	567 g[3]	397 g	425 g
Gewicht des Sprengkopfes	227 g	277 g	–	–	–
Gewicht des Sprengpulvers	–	–	46 g	–	111 g
angenommene Reichweite	40 m	40 m	40 m	50 m	50 m
Radius der Wirkung mit Topf	25 m	25 m	15 m	15 m	20 m
ohne Topf	10 m	10 m	–	–	–
Verzögerung des Zünders	$4{,}3 \pm 0{,}7$ s	$3{,}6 \pm 0{,}4$ s	$4{,}0 \pm 0{,}5$ s	$3{,}5 \pm 0{,}3$ s	$3{,}7 \pm 0{,}7$ s

HAND- UND GEWEHRGRANATEN – Fortsetzung

Waffe	RPG 1940	RPG 1943	VGD 1930	VPGS 1941
Einsatz	von Hand geworfen; zur Panzerbekämpfung	von Hand geworfen; zur Panzerbekämpfung	Gewehrgranate mit Splitterwirkung	Gewehrgranate zur Panzerbekämpfung
Länge über alles	201 mm	203 mm[x]	114 mm	463 mm
Kopfdurchmesser	97 mm	97 mm[x]	41 mm	61 mm
Gewicht	1191 g	1247 g	340 g	680 g
Gewicht des Sprengkopfes	–	–	–	–
Gewicht des Sprengpulvers	–	–	48 g	326 g
angenommene Reichweite	20 m	20 m	300 m[4]	60 m
Radius der Wirkung mit Topf	25 m	–	15 m	–
ohne Topf	–	–	–	–
Verzögerung des Zünders	–[1]	[1]	veränderlich	[1]

[x] annähernd
[1] je nach verwendetem Zünder
[2] mit besonders gelagerter Sprengladung innerhalb der Handgranate
[3] mit Zünder

Auch diese Bücher werden Sie interessieren

Hobart
Das Maschinengewehr
Die Geschichte einer vollautomatischen Waffe

Jeder der sich für Waffen im allgemeinen und automatische Feuerwaffen speziell interessiert, wird in diesem Buch eine Fülle von Informationen finden. Das Buch reicht von den ersten Anfängen der Feuerwaffen über die handbetriebenen, automatischen und die Mehrrohrwaffen bis zum letzten Stand der MG-Technik.
288 Seiten, 240 Abb., Leinen, DM 28.–

Götz
Waffenkunde für Sammler
Vom Luntenschloß zum Sturmgewehr

Die gesamte Entwicklung der Feuerwaffen. Von der Erfindung des Schießpulvers über Lunten-, Rad- und Steinschloß bis zur modernsten Militärwaffe der Gegenwart. Besonders interessant für den Sammler sind die Tips für den Erwerb von alten Waffen sowie eine bisher einzigartige Preisübersicht über die Angebote auf dem deutschen Sammlerwaffenmarkt.
256 Seiten, 150 Abb., Leinen, DM 25.–

Swenson
Das Gewehr
Die Geschichte einer Waffe

Die abenteuerliche Entwicklung eines Jagd- und Kriegsgeräts, das die Welt oftmals verändert hat. Die Büchse war ursprünglich für die Jagd gedacht und gemacht. Den Übergang zur militärischen Handfeuerwaffe schildert dieses Buch mit allen Hintergründen. Jedem Waffenfreund bietet dieses Standardwerk einen Überblick über die Modelle, die in den verschiedenen Ländern im militärischen Gebrauch waren.
236 Seiten, 296 Abb., Leinen, DM 26.–

Davis
Die Uniformen und Abzeichen des Deutschen Heeres 1933 bis 1945

Dieses Buch enthält – durch Fotos belegt – alle Einzelheiten über Uniformen, Abzeichen und Ausrüstungen der deutschen Armee während des Dritten Reiches.
Die 350 Fotos und Zeichnungen sind einmalig – die meisten sind hier erstmals veröffentlicht – und zeigen sowohl die Grundformen als auch die späteren Variationen.
240 Seiten, 350 Abb., Leinen, DM 42.–

Götz
Vorderlader
Entwicklung - Technik - Laden - Schießen

Das längst vergessene Vorderlader- „know-how", die uralten Regeln beim Umgang mit Ladestock und Schußpflaster liefert dieses Vorderlader-Handbuch. Der Autor hat aus alten Quellen geschöpft und zusammengetragen, was es Wissenswertes über Vorderlader gibt. Hier könnte sogar Lederstrumpf noch etwas lernen!
192 Seiten, 100 Abb., Leinen, DM 25,–

Hogg
Die deutschen Pistolen und Revolver 1871 bis 1945

In diesem Buch werden die deutschen Faustfeuerwaffen 1871–1945 eingehend und umfassend in Wort und Bild behandelt. Dieses Buch ist ein Standardwerk. Denn es enthält eine Reihe wertvoller Ergänzungen: Die Code-Zeichen der Waffen- und Munitionshersteller sind aufgeführt, die Patronen sind abgebildet und ihre ballistischen Daten genannt.
208 Seiten, 216 Abb., Leinen, DM 36.–

Oswald
Kraftfahrzeuge und Panzer der Reichswehr, Wehrmacht und Bundeswehr

„Katalog aller Typen und Modelle" nennt sich dieses Standardwerk. Zu Recht. Denn es enthält in Wort und Bild die Vielzahl militärischer Fahrzeuge. Jedoch: Die Bezeichnung „Katalog" wird nicht annähernd dem dokumentarischen und historischen Wert einer so weitläufigen Darstellung gerecht, die in jahrelanger, mühevoller Kleinarbeit geschaffen wurde.
456 Seiten, 850 Abb., Leinen, DM 48.–

Hogg
Armee-Pistolen und -Revolver
Faustfeuerwaffen Weltkrieg I und II

Hier werden die Faustfeuerwaffen des Ersten und Zweiten Weltkrieges zusammen vorgestellt. Es ist ein exakter Führer durch das Arsenal von Faustfeuerwaffen, wie sie an den Fronten der beiden Weltkriege in Gebrauch waren. Knapp aber präzise beschreibt der Autor die namhaften Pistolen und Revolver und ihr Für und Wider.
82 Seiten, 62 Abb., glanzkaschiert, Sonderausgabe DM 9.80

selbstverständlich aus dem
MOTORBUCH VERLAG

7 Stuttgart 1
Postfach 1370